Éditions Milan
300, rue Léon-Joulin
31101 Toulouse Cedex 9 – France.

Loi 49-956 du 16 juillet 1949 sur les publications destinées à la jeunesse
ISBN 978-2-7459-4293-7

Cet ouvrage a été réalisé par les éditions Milan
avec la collaboration de Natacha Scheidhauer-Fradin
Création graphique : Bruno Douin
Mise en page : Sylvaine Collart
Relecture et correction : Auriane Vigny
Photogravure : MPP
Dépôt légal : 3e trimestre 2010
Imprimé en Espagne par Egedsa-Sabadell

À LA RECHERCHE DE LA NATURE

COPAIN DE LA NATURE

Christian Bouchardy

Illustrations de Loïc Méhée,
Noël Gouilloux/Catiche Productions et Anne Eydoux

MILAN
jeunesse

Sommaire

127 Au fil de la rivière

157 Au bord de l'étang

177 En montagne

205 Au bord de la mer

235 Cahier pratique

Tous en balade !

Explore d'abord le jardin : tu y feras de belles rencontres…

Au jardin et dans

Avant de partir à la découverte des merveilles de la nature, il te faudra un minimum de préparation et d'informations. Pour en profiter pleinement, tu auras besoin de quelques objets simples mais très utiles et d'un peu de technique pour observer et reconnaître les animaux.

la maison

Le plus gros de nos carnivores est en danger.

Un trésor à protéger

Il a fallu des millions d'années pour que se façonnent les paysages d'aujourd'hui et qu'apparaissent les multiples formes de vies abritées par la Terre. Une richesse dont l'homme doit prendre grand soin !

Un pour tous...

La biodiversité comprend les gènes, les espèces animales et végétales et les milieux naturels dans lesquels ils vivent. La préserver, c'est donc protéger en même temps les paysages et les êtres vivants, qui ne peuvent survivre les uns sans les autres. Comme dans un paysage de haies et de prairies où les plantes ont besoin des insectes pour être pollinisées, où le pré en herbe ne peut se maintenir en bon état sans l'aide des vers de terre qui l'aèrent...

Il y a urgence

La protection de la nature est une affaire longue et compliquée, mais il y a des urgences à régler sans attendre. Certains sites naturels et certaines espèces animales et végétales sont menacés de disparition à brève échéance. Il reste, par exemple, seulement une douzaine d'ours en France. Il suffirait que deux ou trois femelles disparaissent ou soient tuées pour que l'avenir de l'espèce soit mis en péril.

Partout !

La création de réserves naturelles et la protection des animaux devenus très rares ne doivent pas nous faire oublier la nature ordinaire. Sept parcs nationaux, 164 réserves naturelles... les zones les mieux protégées de France ne couvrent que 1,2 % du pays. C'est peu et insuffisant pour assurer l'avenir. Il faut donc aussi préserver la nature de notre quotidien. Celle où vit l'immense majorité des animaux et des plantes sauvages. Celle où se trouvent les paysages qui font la variété de la France, depuis le bord de mer jusqu'à la haute montagne.

Tu peux agir !

Un bon moyen de participer à la sauvegarde des espèces animales consiste à entrer dans une association de protection de la nature. L'avantage sera double : tu te sentiras utile et tu prendras plaisir à sortir sur le terrain pour découvrir toutes ces merveilles si proches de nous et pourtant si mal connues.

Les associations de protection de la nature organisent régulièrement des sorties.

Le développement durable

Si tu entends de plus en plus les termes « développement durable », c'est que l'homme s'est enfin rendu compte des conséquences de ses actions sur l'environnement. Se développer durablement, c'est assurer nos besoins d'aujourd'hui sans compromettre ceux des générations futures. Comme, par exemple, ne pêcher que le nécessaire pour que les poissons se reproduisent correctement et que nos enfants et nos petits-enfants aient de quoi se nourrir facilement dans l'avenir.

Si rien n'est fait pour empêcher la surpêche, il n'y aura bientôt plus de poisson dans nos assiettes.

Tous les petits animaux peuvent trouver leur bonheur dans cette haie variée.

Un jardin accueillant

Le jardin, ce n'est pas que le potager. Il comprend le verger, la pelouse, la haie, les parterres de fleurs… Comment faire pour que ton jardin attire beaucoup d'animaux ?

N'oublie pas les plantes sauvages

Dans les jardins, on plante surtout des espèces exotiques ou créées par les horticulteurs. C'est vrai qu'elles font de jolies fleurs… Mais sais-tu que beaucoup de plantes sauvages deviennent rares ? Leurs habitats disparaissent ou sont trop perturbés par nos activités. Elles sont très belles aussi, et sont une meilleure ressource pour les insectes. Et si tu leur laissais une petite place ?

Plus c'est varié, mieux c'est

Une maison entourée d'un gazon uniforme et d'une haie de thuyas taillée au cordeau, que c'est triste ! Bien peu d'animaux s'y sentiront à l'aise. Plus il y aura de fleurs et d'arbustes différents, de niveaux et de recoins dans le terrain, plus ton jardin sera un beau terrain d'observation.

Planter une haie

La plantation d'une haie est une magnifique occasion d'enrichir le jardin. Elle fournira de la nourriture et des abris à de nombreux petits animaux. Pour la rendre belle et accueillante, il faut penser à varier les espèces. Certains arbustes ont des fleurs très appréciées des insectes butineurs, d'autres donnent des fruits qui font le régal des oiseaux et des petits mammifères.

Les massifs fleuris et les bordures

Un jardin varié comprend également des massifs de fleurs, que tu peux réaliser avec des rosiers, lupins, gaillardes, dahlias, pivoines, glaïeuls... Tu peux faire aussi de belles bordures avec des plantes plus basses dont la floraison s'échelonne au fil des saisons : narcisses, jonquilles, crocus, muguet, millepertuis, lavande, bruyère... Toutes sont très appréciées des insectes.

Ortie-culture

L'ortie est souvent éliminée du jardin. Elle est pourtant peu exigeante et attire de nombreux petits animaux, dont des tas d'insectes. Sais-tu que trente chenilles différentes aiment manger ses feuilles ? Que de papillons en perspective ! Alors, pourquoi ne pas laisser s'épanouir un petit massif d'orties dans un coin reculé du jardin ?

Le lézard vert aime se chauffer sur les pierres au soleil.

La rocaille

La présence d'une rocaille est très intéressante car c'est une sorte de montagne rocheuse en miniature, un peu comme la mare est un étang en modèle réduit. Non seulement la rocaille est belle et facile à fleurir, mais en plus elle est très appréciée des lézards, des insectes et des petits mammifères qui creusent leur nid sous les pierres.

Crée une mini-réserve naturelle

Si tes parents veulent bien te laisser disposer d'un petit morceau de terrain nu, pourquoi ne le laisserais-tu pas en friche ? Cela signifie qu'au lieu d'y planter des fleurs ou des légumes, tu vas laisser faire la nature…

1. Laisse germer les graines enfouies dans le sol et passe régulièrement visiter ton terrain d'observation. Tu verras se créer un petit habitat naturel qui abritera des espèces nombreuses et variées.

2. Tu peux laisser la friche évoluer toute seule pendant plusieurs années. Tu peux aussi la faucher une fois par an, à l'automne, quand les plantes ont toutes fait leurs graines.

Merveilleux papillons

Certaines fleurs ont la particularité de sécréter du nectar, un liquide sucré très apprécié par les insectes butineurs que sont les papillons. Si tu choisis bien les arbustes et les fleurs de ton jardin, tu pourras attirer ces splendides petites bêtes.

La lavande fait le régal de nombreux papillons.

Le roi de l'attraction

Le buddléia est surnommé l'arbre à papillons car il les attire irrésistiblement. Ses tiges fleuries sont couvertes de milliers de corolles blanches, pourpres ou violettes. Par une belle journée d'août, tu pourras observer plus de quinze espèces différentes de papillons sur un seul buddléia. Il est également apprécié par les papillons de nuit. Son seul inconvénient : cette espèce exotique pousse parfois au détriment des arbustes de nos régions.

Quelles fleurs pour quels papillons ?

Parmi les plantes qui ont des fleurs très attirantes pour les papillons, il y a bien sûr la lavande. Elle est aimée par de très nombreuses espèces. Il y a aussi le thym et le serpolet, appréciés par l'azuré commun. Tu peux également planter des asters pour attirer le vulcain, du chèvrefeuille pour le moro-sphinx et des pétunias pour le sphinx du liseron.

La nuit aussi

Les bienfaits des fleurs ne s'arrêtent pas à la tombée du jour. Elles sont aussi visitées par les papillons de nuit. Un des plus beaux est le grand paon de nuit, qui peut se trouver dans ton jardin car sa chenille se développe souvent sur les arbres fruitiers, comme les cerisiers ou les amandiers. C'est le plus gros de nos papillons nocturnes.

Les délices des chenilles

Les chenilles se nourrissent des plantes sur lesquelles elles sont nées. Pour avoir des papillons au jardin, tu peux donc aussi encourager les adultes à pondre sur place. Il faut pour ça connaître les goûts des chenilles. Celle du flambé aime le prunellier et l'aubépine, celle du machaon adore la carotte et le fenouil, tandis que celle du vulcain, de la petite tortue et du paon du jour raffolent de l'ortie.

J'ai cru voir un colibri…

Quel est ce curieux animal qui butine les fleurs de ton jardin en faisant du surplace, passant très rapidement de l'une à l'autre sans jamais se poser ? Si tu crois que c'est un colibri, tu as perdu ! C'est le moro-sphinx, un papillon pas comme les autres qui utilise la technique de l'oiseau-mouche. Il peut stationner en vol devant une fleur car il bat des ailes très très vite (80 battements à la seconde !), et atteindre le nectar grâce à sa longue trompe.

1. L'œuf est pondu sur une feuille ou une tige.

2. Après l'éclosion, la larve devient une chenille qui mange sa plante nourricière.

3. Plusieurs mues plus tard, la chenille devient une chrysalide qui se fixe à une brindille.

4. Sorti de la chrysalide, le papillon adulte laisse sécher ses ailes : il est prêt à s'envoler pour butiner les fleurs.

Les quatre « vies » du papillon

La vie du papillon passe par quatre étapes qui ont toutes besoin des plantes : l'œuf, la chenille, la chrysalide et le papillon adulte, que l'on appelle imago.

Une bonne table

Il n'est pas étonnant d'observer beaucoup d'animaux autour de la maison, car il y a énormément de nourriture dans le jardin. La preuve… la voilà !

Un lapin au milieu d'une rangée de carottes… Quelle catastrophe !

À cause du bouvreuil, voilà des bourgeons qui ne deviendront jamais des feuilles.

Tous les arbres à fruits rouges plaisent au merle.

La chenille se régale de belles feuilles bien vertes.

Manger de la terre, quelle drôle d'idée !

Une grenouille dans la mare, c'est l'insecticide le plus naturel.

La limace aime la laitue… sans vinaigrette !

Au jardin, la carte des boissons n'offre que de l'eau !

La cueillette des pissenlits
a commencé pour le campagnol.

Grâce à sa trompe,
le papillon aspire
le nectar.

Hmm...
le bon pollen
à rapporter
à la ruche !

L'écureuil n'a pas
besoin de casse-
noisettes.

Une noix rongée sur
l'arbre, c'est le travail
du lérot.

Il n'y a pas
de mûres ?
Le muscardin
mangera
des
framboises !

Dans la maison aussi...

Voilà un œuf qui ne finira pas en omelette,
mais fera le régal de la fouine.

Si on oublie de fermer la boîte
à fromages, la souris en profite...

Il faut choisir une toile dont la couleur se fondra parfaitement avec l'environnement.

Observer depuis la maison

Le plus beau des affûts, c'est la maison. Comme elle est toujours à la même place, les animaux sont habitués à la voir et n'ont pas peur de s'en approcher. Elle te permet aussi d'observer les différents coins du jardin par les ouvertures sur chacun de ses côtés.

Un affût dans le jardin

Bien que les oiseaux du jardin soient très familiers, il faut se cacher afin d'observer leurs comportements spontanés. Tu peux installer un petit affût de type camping et le laisser en permanence pour habituer les oiseaux. Tu le déplaceras ensuite selon tes envies. Par exemple, en l'approchant de la haie pour observer le nourrissage des oisillons au nid, ou en l'installant près de la mare pour voir l'accouplement des grenouilles et le bain des oiseaux.

Derrière la fenêtre

Tu as certainement remarqué que les oiseaux s'approchent facilement des fenêtres et qu'ils n'ont pas peur. C'est parce qu'ils ne te voient pas, à cause des reflets de la vitre et des rideaux. Mais tu ne dois pas trop bouger. Ainsi, tu auras tout le temps d'observer un oiseau en détail et de le comparer avec ton guide d'identification.

Attirer les oiseaux

L'eau est un excellent moyen d'attirer les animaux près de la maison. Un dessous de pot de fleurs rempli d'eau posé au sol pour les animaux terrestres et un autre en hauteur sur un trépied pour les oiseaux auront beaucoup de succès.

Pour appâter les animaux

Une des tactiques pour observer les mammifères sauvages consiste à les appâter avec de la nourriture. Dispose quelques aliments (restes de viande, de légumes et de fruits) au fond du jardin dans l'axe d'une fenêtre et observe tous les jours, de préférence le matin et le soir. Tu verras peut-être un hérisson une fouine, une belette, ou même un renard.

Un beau support pour les nichoirs

Les murs de la maison, le dessous des avant-toits et des abris de jardin conviennent parfaitement pour placer des nichoirs. De cette manière, plusieurs espèces d'oiseaux peuvent nicher chez toi et tu les observeras facilement sans les déranger. Pour cela, pense à placer les nichoirs près des fenêtres.

Fausse alerte !

Il arrive quelquefois qu'un oiseau vienne taper dans une vitre à grands coups de bec. En voyant son reflet, il croit qu'il s'agit d'un concurrent et essaie de le chasser.

Camoufle-toi pour observer derrière la fenêtre

Le filet de camouflage que tu utilises dans la nature est bien utile aussi pour observer depuis une fenêtre.

- **1 filet de camouflage**
- **1 paire de ciseaux**
- **des punaises**

1. Découpe une ouverture assez grande pour observer ou passer l'objectif de ton appareil photo dans le filet.

2. Après avoir ouvert la fenêtre, accroche le filet avec plusieurs punaises.

La maison cachette

Elles se glissent partout : même dans les maisons les plus propres, il y a toujours de la place pour des petites bêtes. Apprends à en reconnaître quelques-unes.

Le poisson d'argent mesure souvent moins de 1 cm de long.

Un poisson dans la baignoire

En te levant la nuit, tu as sans doute déjà vu cette petite bête aux reflets argentés qui se faufile à toute vitesse entre les lattes du plancher. À moins que tu ne l'aies trouvée dans ta baignoire, incapable de remonter sur les parois trop lisses. Ce petit insecte porte le joli nom de poisson d'argent, à cause des minuscules écailles argentées qui recouvrent son corps tout plat. Il mange un peu de tout, et est capable de digérer le papier. Surveille bien ta collection de timbres !

Cachées dans tes habits

Bien qu'étant un petit papillon, la mite n'a pas aussi bonne réputation que ceux du jardin. C'est vrai qu'elle ne paie pas de mine, mais surtout, elle préfère l'intérieur des penderies aux bouquets de fleurs. Elle pond ses œufs sur les vêtements ou dans les piles de linge. C'est sa chenille qui dévore la laine et qui est responsable des fameux « trous de mite ».

Le scorpion des livres mesure quelques millimètres à peine.

Un « scorpion » miniature

Si en ouvrant un vieux livre, tu découvres entre les pages jaunies un animal minuscule avec des grandes pinces, c'est que tu viens de faire la rencontre du pseudoscorpion ou « scorpion des livres ». Comme les araignées et les vrais scorpions, il a quatre paires de pattes, mais il est totalement inoffensif pour l'être humain. C'est un grand prédateur de larves de mouches, d'acariens et de petits insectes, qu'il neutralise avec le venin contenu dans ses pinces.

À l'abri pour l'hiver

Certaines petites bêtes ne viennent dans ta maison que pour y passer l'hiver à l'abri. Dans ton grenier, il peut y avoir des papillons comme le paon du jour ou la petite tortue, qui attendent le printemps les ailes repliées. Tu peux également y rencontrer deux grandes dévoreuses de pucerons : la coccinelle et la magnifique chrysope aux yeux d'or.

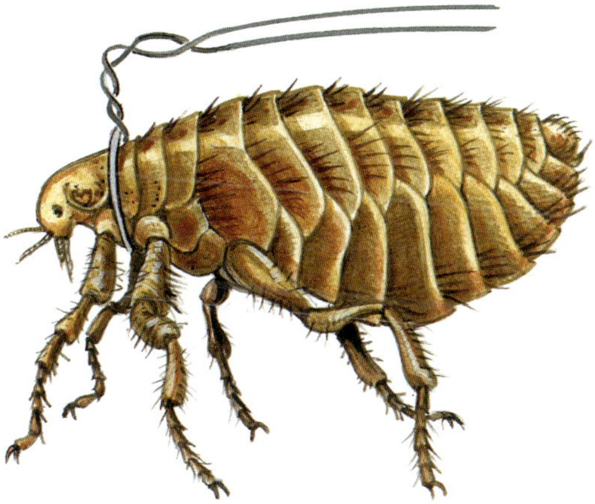

Autrefois, les puces sauteuses étaient dressées dans les cirques.

Elles sautent et elles piquent !

S'il y a des puces dans ta maison, c'est sûrement que tu as un chien ou un chat. La puce du chien préfère le chien et celle du chat préfère le chat, mais elles peuvent aussi te piquer. Comme les moustiques, les puces percent la peau pour sucer le sang. Ces tout petits insectes n'ont pas d'ailes, mais leurs très grandes pattes postérieures leur permettent de faire des bonds de 10 cm de haut et de 30 cm de long !

Habituées des maisons

Il n'y a pas de maison sans araignées. Parmi elles, les pholcus sont faciles à identifier grâce à leurs très grandes pattes. Elles tissent leur toile au plafond et peuvent attendre des mois avant que des proies se prennent dedans. La tégénaire domestique est vraiment une habituée des maisons. Brune et poilue, elle fait des grandes toiles dans les caves, les greniers et derrière les meubles. Elle se promène la nuit dans la maison.

Tégénaire domestique

De la cave au grenier

Les animaux ont tous leurs habitudes et leur milieu préféré. Dans une maison, chaque partie est différente et forme un petit habitat qui abrite des espèces particulières.

Dans la jungle du mur

Les entrelacs des plantes grimpantes comme le lierre ou la vigne vierge forment une sorte de jungle en miniature. Le merle et le troglodyte aiment bien y cacher leur nid. Surtout ne le touche pas ! Avec une paire de jumelles, tu vas te régaler à observer le nourrissage des poussins.

Sur les façades

Le rouge-queue à front blanc aime bien faire son nid dans les trous des murs. L'hirondelle de fenêtre et le moineau domestique préfèrent s'installer sous les avant-toits. Les chauves-souris et les martinets se glissent dans les fissures ou dans les joints.

Troglodyte mignon

Les bruits de la nuit

Si ton grenier est habité par des animaux, attends-toi à entendre certaines nuits des bruits bien étranges. Chouette effraie, fouine, loir et lérot sont en effet loin d'être silencieux. Gratt, gratt, scritch, scritch... bien souvent, à l'heure où tu te couches, tous ces petits animaux commencent à s'activer. Et ça n'est pas pour t'empêcher de dormir mais bien plutôt parce que leur rythme est différent du tien : ils sont tout simplement nocturnes.

Au grenier

Dans un vrai vieux grenier, avec plein de choses empilées dans tous les sens et une belle charpente, il y a beaucoup d'abris pour les animaux. Les chauves-souris se suspendent aux poutres ou se glissent sous les tuiles. La chouette effraie et la fouine font leur nid dans la paille, dans un tas de carton ou de vieux linge. Le rat noir, qui est un excellent grimpeur, habite lui aussi les combles des maisons.

Au niveau du sol

Les parties basses de l'habitation comprennent généralement le garage et la cave. Dans celle-ci, tu pourras trouver de petites souris grises, venues profiter des provisions. Et peut-être des chauve-souris entrées par le soupirail. À l'extérieur, la souris, le lézard et le hérisson s'installent dans le tas de bois, l'abri pour le matériel de jardin ou occupent la terrasse et les murets.

N'aie pas peur !

Il est rare de trouver des animaux sauvages dans les chambres, la cuisine et le salon, sauf des toutes petites bêtes comme les insectes et les araignées, qui peuvent se faufiler partout. Mais sois tranquille : elles sont inoffensives !

Le hérisson, familier des alentours de la maison.

La fouine passe ses nuits dans les combles.

Fabriquer un engrais naturel

Si tu mets certains déchets de la cuisine ou du jardin dans un composteur, et que tu t'en occupes soigneusement, tu obtiendras un très bon engrais naturel : le compost.

Trois bonnes raisons de faire du compost

En fabriquant ton propre compost, tu auras un engrais naturel pour ton jardin, tu aideras à régler le problème de l'élimination des ordures et tes poubelles se rempliront moins vite !

Patience !

L'idéal est de commencer le compost au printemps. La décomposition va alors commencer et tu devras continuer à remplir régulièrement le composteur jusqu'en automne. À ce moment-là, la base est prête et tu peux la déposer dans le potager, au pied des plantes et des arbres. En hiver, la vie du composteur est ralentie, mais tu peux continuer à le remplir.

Travailleurs à la chaîne

La décomposition des déchets est entamée par les nombreux champignons et bactéries qui vivent dans le sol. Cela produit beaucoup de chaleur. À mesure que la température augmente (jusqu'à plus de 50 degrés), le compost est stérilisé. À chaque fois que tu aères la pile, tu fais baisser la température. Elle augmente de nouveau puis baisse ensuite une dernière fois. Les vers de terre peuvent alors s'installer, indiquant que le compost arrive à maturité.

Le composteur

Un composteur, c'est un grand récipient sans fond, installé à même le sol, et qui va contenir les déchets à composter. Il en existe à des prix très raisonnables. Les plus esthétiques et les plus écologiques sont en bois mais tu en trouveras aussi en plastique ou même en métal.

Fais le tri !

Tout n'est pas bon à composter. Dépose l'herbe tondue, les feuilles et les brindilles, les épluchures de légumes et de fruits, les restes du potager et d'aliments cuits (pommes de terre, riz...), les sachets de thé et le marc de café, le papier journal et les essuie-tout.
Mais ne garde pas les pelures d'agrumes (pamplemousse, citron, orange), les restes de viande et de poisson les aliments souillés par la vinaigrette ou la mayonnaise, les os et les revues.

Installe le composteur

- un composteur
- une fourche
- un arrosoir
- un petit seau à déchets

1. Installe ton composteur dans un coin du jardin abrité du soleil et du vent, pas trop loin de la maison. Le terrain doit être bien plat, et la terre dégagée pour que les petits organismes décomposeurs puissent circuler sans problème.

2. Avant de déposer les premiers déchets dans le composteur, dispose à même le sol une couche de brindilles broyées sur 5 à 10 cm d'épaisseur environ. Cette première couche sert à favoriser l'aération de la pile de déchets.

3. Dépose les déchets régulièrement. Pour éviter d'aller sans arrêt au fond du jardin où se trouve le composteur, tu peux garder près de la cuisine un petit seau à déchets.

4. Remue régulièrement le contenu du composteur avec une petite fourche, et humidifie-le s'il devient trop sec. Les petits organismes pourront mieux faire leur travail de décomposition et de mélange.

À chacun son nid

Tu crois peut-être, comme beaucoup, que les nids des oiseaux se ressemblent tous. En réalité, il en existe une grande variété, que tu pourras découvrir contre la maison ou dans le jardin.

Un trou dans le mur à l'abri du toit : une aubaine pour le faucon crécerelle.

Le nid maçonné

Certains oiseaux mélangent de la terre et de la salive pour construire leur nid. Les plus connus sont l'hirondelle de fenêtre, qui fait un nid en boule sous les toits, l'hirondelle de cheminée, qui place son nid en demi-coupe sur les poutres des étables, juste au-dessus des vaches.

Le nid maçonné de l'hirondelle de fenêtre.

Le nid en boule

Parfois, on ne peut pas voir les oisillons, car le nid est presque entièrement fermé. Il a la forme d'une boule plus ou moins ronde. Il est confectionné principalement avec de la mousse dans laquelle l'oiseau laisse juste un trou d'entrée. Ce type de nid est construit par la mésange à longue queue et le troglodyte.

Le nid en boule de la mésange à longue queue.

Et encore…

Il existe beaucoup d'autres manières de nicher : sur un gros tas de branches en haut d'un arbre, comme le héron-cendré ; sur un radeau d'herbes flottant comme le grèbe huppé ; sur le sol au milieu des graviers comme les sternes. Mais tout cela ne se trouve pas dans un jardin, tu le découvriras dans les autres chapitres de ce livre.

Dans le mur

Il arrive parfois qu'une pierre tombe du mur, faisant place à un beau trou. Celui-ci est fort apprécié par les oiseaux qui nichent habituellement dans les falaises, comme le rouge-queue noir ou le faucon crécerelle, qui aiment bien s'installer dans les murs des maisons.

Dans l'arbre creux

Certains oiseaux sont cavernicoles, c'est-à-dire qu'ils font leur nid dans des cavités, le plus souvent dans un arbre creux, à condition que le trou d'entrée soit à leur taille. Un petit trou pour la mésange bleue ou la mésange charbonnière, un trou moyen pour l'étourneau, un trou un peu plus grand pour la chouette chevêche. Les pics, équipés d'un bec très robuste, creusent eux-mêmes leur trou.

Au fond de ce trou d'arbre, les petites mésanges charbonnières sont bien à l'abri.

Le nid en coupe du merle noir.

Le nid en coupe

Le modèle de nid le plus courant a la forme d'un bol, plus ou moins grand selon l'oiseau. Il est constitué de brindilles, de mousses, de feuilles entrelacées, et quelquefois de boue séchée. En général, il est solidement coincé dans la fourche des branches d'un arbre. Ce modèle est construit, par exemple, par le chardonneret et le merle. La pie fait preuve d'originalité en mettant, en plus, un toit au dessus.

Collectionne les petits nids

- **des boîtes à chaussures**

1. À l'automne, quand les arbustes ont perdu leurs feuilles, retrouve les nids des petits passereaux que tu as observés dans ton jardin au printemps et en été. Ils sont alors abandonnés et tu peux les prendre pour les collectionner car les petits oiseaux construisent un nouveau nid chaque année.

2. Conserve-les dans des boîtes à chaussures (en n'oubliant pas de les étiqueter) et expose les plus beaux dans une petite vitrine.

Un simple bout de bois suffit pour aider la mésange à faire son nid.

Construis un nichoir

Autour des villes et des villages, on construit de plus en plus de maisons modernes. Leurs murs sont bien lisses et il n'y a pas d'arbres creux dans le jardin. Offre un nichoir aux oiseaux qui ne trouvent pas d'endroit où s'installer.

Il y a quelqu'un ?

Si tu ne veux pas que les parents abandonnent leur couvée, n'ouvre jamais le nichoir pour vérifier s'il y a des œufs ou des poussins. Pour savoir si le nichoir est occupé, surveille le va-et-vient des oiseaux, tu seras vite renseigné !

Visite d'entretien

À chaque automne, il faut vider le nichoir et le nettoyer. S'il est trop plein, un nouveau nid au-dessus des anciens finirait par se trouver à hauteur du trou, et les oiseaux l'abandonneraient car ils ne se sentiraient plus en sécurité. Le nichoir doit être prêt et propre au plus tard en janvier.

Les bonnes occasions

Les oiseaux comme les mésanges ont besoin d'un endroit creux pour faire leur nid. Elles occupent toutes sortes d'objets inattendus : boîte aux lettres, pompe à eau, pot en terre, lampadaire...

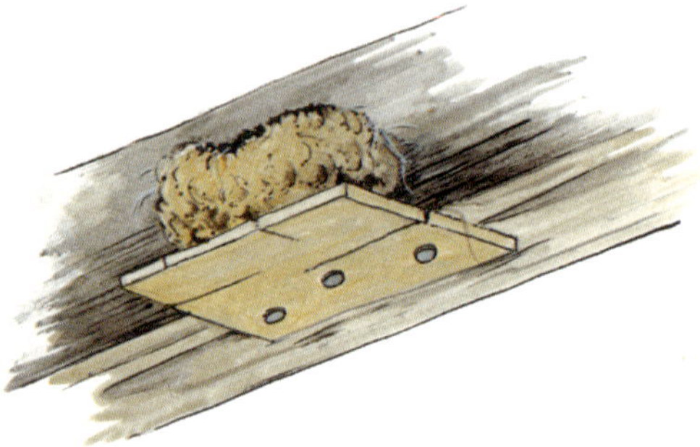

Pour attirer les hirondelles de fenêtre dans une maison neuve, on peut installer une planchette.

Au voleur !

Il n'est pas rare qu'un nichoir destiné à un oiseau soit occupé par un petit mammifère. Cela arrive souvent avec le lérot. Il s'empare du nichoir d'une mésange et le remplit de mousse pour y faire son propre nid. Si le trou d'entrée est trop petit pour lui, il l'agrandit en le rongeant.

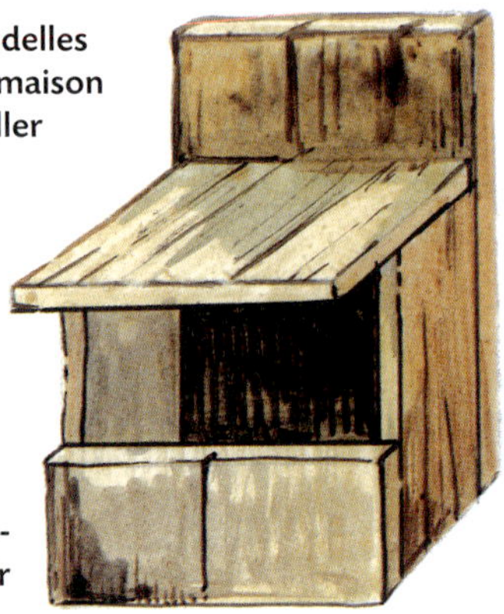

Nichoir à rouge-queue noir

Fabrique un nichoir à mésange bleue

- **une planche de contreplaqué d'au moins 50 cm x 70 cm, de 1,5 cm d'épaisseur**
- **un marteau, un tournevis et une tenaille**
- **des clous et des vis**
- **2 charnières et 2 clous en « U »**
- **un morceau de fil de fer**
- **un pot de lasure verte ou brune**
- **un pinceau**

1. Demande à un adulte de découper les différents éléments du nichoir comme sur le dessin. Fais-lui aménager un trou rond de 3 cm de diamètre dans la façade, à peu près aux deux tiers de la hauteur (pas en plein milieu !).

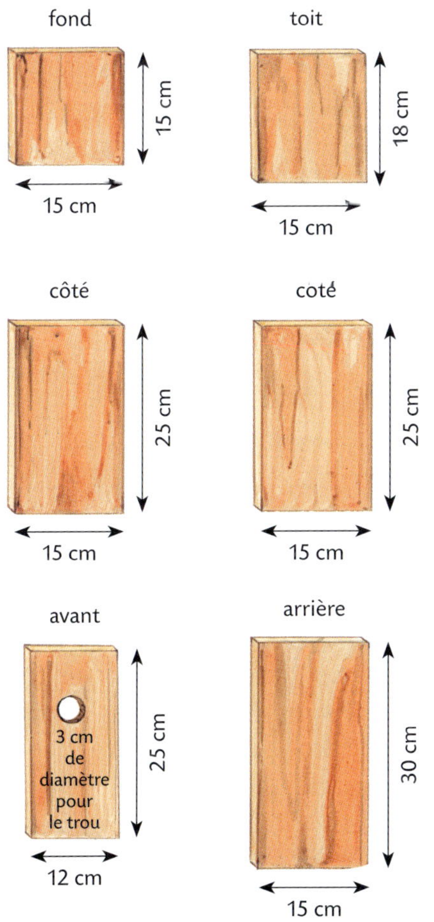

2. En suivant le plan, cloue ensemble les trois côtés et l'arrière du nichoir. Cloue l'ensemble sur le fond. Fixe le toit sur le panneau arrière en utilisant les charnières et les vis. Ce toit est amovible pour te permettre d'ouvrir le nichoir lorsque tu devras le nettoyer. Attache-le en disposant les clous en « U » et en passant un fil de fer dedans.

3. À l'extérieur du nichoir seulement, passe deux ou trois couches de lasure pour le protéger des intempéries. Ton nichoir est prêt ! Il ne te reste plus qu'à le poser…

4. L'emplacement le plus favorable se trouve sous les avant-toits de la maison, à l'abri du vent et de la pluie. Sinon, le nichoir doit être placé au moins à deux mètres de hauteur, et exposé au sud-est.

Nourris les oiseaux l'hiver

La vie n'est pas toujours facile pour les oiseaux en hiver, surtout quand le sol est gelé ou recouvert de neige. Leur nourriture devient inaccessible alors qu'ils ont besoin de plus de calories pour combattre de froid. C'est le moment de les aider.

Un modèle anti-gaspillage

Il existe un modèle de distributeur réalisable avec une boîte en bois et un grillage sur un ou deux côtés. Ce type de mangeoire peut être rempli de cacahuètes non salées, de noisettes, de noix ou de graines de tournesol. Le grillage qui retient les fruits secs empêchent le gaspillage en obligeant les oiseaux à picorer de petits morceaux.

Des aliments de choix

Blé, millet, chènevis, maïs, tournesol... mélange les graines pour attirer des oiseaux différents. Pense aussi à garder les vieilles pommes, les épluchures de fruits et la graisse non salée : tu pourras les disposer sur la mangeoire-plateau.

Les petits oiseaux sont capables de manger en s'agrippant au filet.

La mangeoire-plateau recouverte d'un toit est préférable car les aliments sont alors protégés de la pluie et de la neige.

Pour les acrobates

Tu trouveras facilement des filets tout prêts, contenant une boule de graisse et de graines mélangées. Il suffit de les suspendre à un rebord de fenêtre ou à une branche (attention au chat !). Ces véritables délices sont très appréciés de la mésange charbonnière et de la mésange bleue, du tarin des aulnes, de l'étourneau et même du pic épeiche.

Sur un plateau

La mangeoire peut être un simple plateau, recouvert ou non, bordé de baguettes qui empêchent les aliments de tomber au sol. Elle doit être placée dans un espace bien dégagé, au sommet d'un piquet de 1 m à 1,50 m de haut. Elle convient aux oiseaux qui ne peuvent pas se suspendre : merle, rouge-gorge, accenteur mouchet, verdier, moineau, tourterelle...

Fabrique un distributeur de graines

- une planche de 40 x 25 x 2 cm
- une planche de 25 x 25 x 2 cm
- 3 morceaux de baguette carrée de 2 x 2 cm (un de 25 cm de long et 2 de 21 cm de long)
- une bouteille d'eau en plastique de 1,5 l
- de la grosse ficelle
- un marteau, des clous et de la colle à bois

1. Dans la planche la plus grande, fais percer par un adulte 4 trous suffisamment gros pour pourvoir y passer la ficelle. Cloue la plus grande planche sur la plus petite.

2. Colle les trois baguettes sur la base comme sur le dessin ci-contre. Laisse sécher 24 h au chaud.

3. Dès le lendemain, tu peux remplir la bouteille avec un mélange de graines et l'attacher avec la ficelle.

4. Ton distributeur est prêt à être fixé sur le support de ton choix et à accueillir les oiseaux qui ont faim !

Distribution gratuite

La mangeoire-distributeur protège la nourriture et peut contenir une réserve importante, qui diminue au fur et à mesure de la consommation par les oiseaux. Elle convient parfaitement pour les mélanges de graines. Presque toutes les espèces d'oiseaux du jardin peuvent l'utiliser à condition que le plateau du fond soit suffisamment grand.

De l'eau

Même en hiver, les oiseaux ont besoin de boire et de se baigner pour nettoyer leur plumage. Une coupelle d'eau placée en hauteur leur rend un grand service. Il faut la changer souvent afin qu'elle reste propre et qu'elle ne gèle pas.

Suis les 7 commandements

1. Ne nourris les oiseaux qu'en période de très grand froid.

2. Veille à ce que les postes de nourrissage soient hors d'atteinte des chats.

3. Ne donne jamais d'aliments salés, ni de nourriture avariée.

4. Dispose de la nourriture matin et soir et n'en mets pas trop à la fois.

5. Protège les aliments de la pluie.

6. Change souvent l'eau des abreuvoirs et nettoie régulièrement les mangeoires.

7. Si tu commences à nourrir, n'arrête surtout pas tant que le temps reste très froid car les oiseaux sont alors dépendants de tes mangeoires.

Migrateurs et sédentaires

Avec l'habitude, tu pourras classer les oiseaux de ton jardin en deux grandes catégories. Il y a ceux qui sont là toute l'année, comme le merle ; ce sont les sédentaires, et ceux qui arrivent au printemps puis repartent à l'automne, comme les hirondelles : ce sont les migrateurs.

Après des milliers de kilomètres de migration, les hirondelles de fenêtre reviennent nicher exactement au même endroit.

La bague au doigt

Un des moyens de mieux connaître les oiseaux consiste à leur poser à la patte une bague numérotée. Pour chaque individu, comme cette mésange à moustache, le bagueur note le numéro de la bague, la date et le lieu, le nom de l'espèce, le poids de l'oiseau, et bien d'autres informations. Ainsi, si l'oiseau est capturé à nouveau ou retrouvé mort, on sait qui il est et d'où il vient. C'est comme ça que l'on sait que les hirondelles reviennent nicher chaque année au même endroit et qu'on connaît le trajet de leur migration.

Sédentaire ou migrateur ?

Dans les guides d'identification des oiseaux, il y a souvent une carte de répartition pour chaque espèce. Différentes couleurs indiquent les zones où l'oiseau est présent toute l'année, celles où il n'est là que pour nicher, celles où il passe l'hiver, ou encore celles où il est de passage durant la migration. Tu peux ainsi très vite repérer à quelle catégorie il appartient.

Le plein d'énergie

Les petits passereaux ne pratiquent pas le vol plané, et le trajet de la migration leur demande énormément d'énergie. Avant de partir, ils en stockent un maximum sous forme de graisse. Chez certains, comme le phragmite des joncs, le poids peut quasiment passer du simple au double !

Partir pour survivre

Si certains oiseaux migrent, c'est le plus souvent parce que leur nourriture vient à manquer l'hiver. Les hirondelles, par exemple, ne mangent que des insectes qu'elles capturent en vol. En hiver, on ne voit pratiquement plus d'insectes. Les hirondelles doivent donc partir jusqu'en Afrique, où il fait bon et où les insectes sont abondants. C'est la même chose pour le martinet noir et le rossignol, qui sont eux aussi des insectivores.

Rossignol

Pinson du Nord

Visiteurs d'hiver

Tandis que certains oiseaux migrateurs nous quittent pour la mauvaise saison, d'autres nous rendent visite seulement pendant cette période. Ce sont des oiseaux qui nichent dans des pays plus froids. Si tu as installé une mangeoire pour l'hiver, tu pourras peut-être admirer le beau pinson du Nord. Ce cousin du pinson des arbres niche en Scandinavie et en Russie. On peut le voir chez nous entre octobre et avril.

On peut voir la pie toute l'année.

Pour les reconnaître

Quand on a toute une planche de dessins d'oiseaux qui se ressemblent, pas facile de s'y retrouver... Grâce aux cartes de répartition, tu peux éliminer toutes les espèces qui ne vivent pas chez toi et arriver à celle que tu recherches.

Qui reste dans le jardin ?

Les oiseaux sédentaires les plus communs autour de la maison sont la pie, le moineau domestique, les mésanges, le merle noir et le rouge-gorge. Leur alimentation très variée leur permet de trouver à manger toute l'année.

Fais le calendrier des oiseaux de ton jardin

- **un carnet**

Sur ton carnet, note bien chaque année la date à laquelle tu vois un oiseau pour la première fois. Par exemple : « 3 avril. Première hirondelle de fenêtre volant au-dessus de la maison. » Note également la présence de toutes les espèces au long d'une année. En relisant tes notes, tu reconnaîtras bien les sédentaires et les migrateurs, et tu pourras guetter les arrivées l'année suivante.

Souris grise
Taille : 12 à 20 cm,
dont 6 à 9 cm
pour la queue

Portraits de mammifères

Dans le jardin, tu observeras surtout trois familles de petits mammifères : les campagnols, les mulots et les musaraignes. Apprends à les connaître grâce à ces portraits.

La souris

La souris fréquente surtout les jardins, mais elle rentre souvent dans les maisons. Plus petite que le mulot, elle lui ressemble beaucoup et appartient à la même famille. Sa fourrure est de couleur grise.

Les campagnols

Les campagnols ont une allure générale très arrondie. Leur queue est courte, leurs oreilles toutes petites et leur museau très court. Grâce à cette silhouette particulière, ils peuvent se glisser très facilement dans leurs galeries souterraines. Ils se nourrissent de végétaux : herbes, racines et graines.

Campagnol des champs
Taille : 12 à 17 cm,
dont 3 à 4 cm pour la queue

Les mulots

Contrairement aux campagnols, les mulots ont une allure générale beaucoup plus élancée. Ils ont de grandes oreilles et un nez pointu. Leurs grandes pattes arrière leur permettent de bondir très vite. Ils grimpent parfaitement aux arbres. Ils mangent aussi bien des herbes et des fruits que des petits animaux (vers et insectes).

Mulot sylvestre
Taille : 14 à 22 cm,
dont 7 à 11 cm
pour la queue

Musaraigne musette
Taille : 10 à 14 cm,
dont 3 à 5 cm pour la queue

Le hérisson

Ton jardin peut abriter d'autres petits mammifères. Le hérisson est le plus connu et le plus sympathique.
Il appartient à une famille qui porte le nom d'érinacéidés. Les jardiniers l'aiment bien car il élimine tous un tas de petites bêtes dans le potager.

Les musaraignes

Avec les musaraignes, on change complètement de famille. Chez elles, tout est long et fin : le corps, la queue et le museau. Finies les repas d'herbes et les racines. Ces infatigables bêtes sont les plus grandes chasseresses du jardin. Elles s'attaquent à tous les petits animaux : insectes, vers et limaces.

Rongeur ou insectivore ?

Compare les crânes et les mâchoires et tu comprendras tout. Les campagnols, les mulots et les souris sont des rongeurs. Ils ont de grandes incisives pour ronger les végétaux. Les musaraignes sont des insectivores. Leur dentition est faite pour attraper et croquer des petites proies.

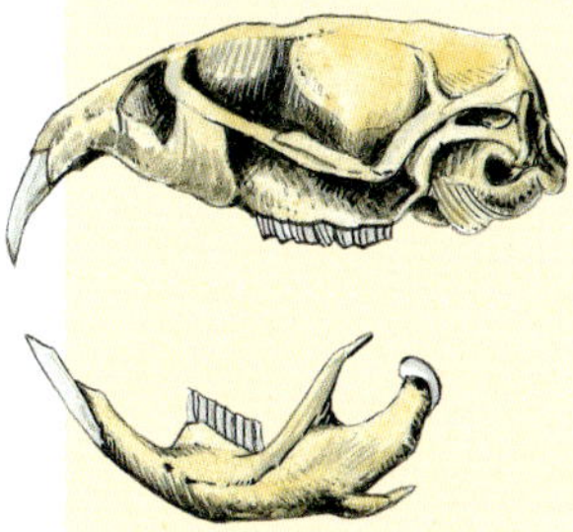

Crâne de campagnol

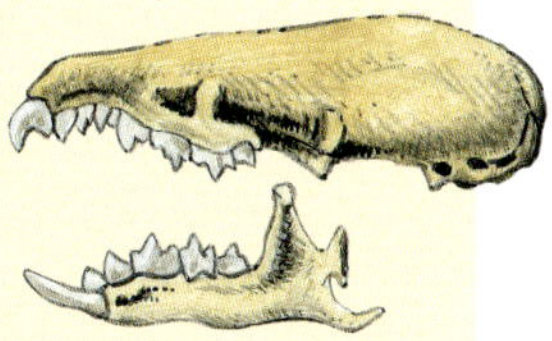

Crâne de musaraigne

Taupe d'Europe
Taille : 14 à 20 cm

La taupe

Comme les musaraignes et le hérisson, la taupe est insectivore. Elle n'est pourtant pas aimée des jardiniers à cause des taupinières qu'elle fait lorsqu'elle creuse ses galeries, aussi bien dans le potager que dans la pelouse.

Le rouge-gorge défend farouchement son territoire contre ses congénères, mais tolère bien les autres espèces.

Propriété privée

Les maisons et les jardins des hommes sont des propriétés bien délimitées par des murs, des grillages, des haies et des portails. Les animaux ont eux aussi leur territoire, même si les limites en sont apparemment invisibles.

Ici, c'est chez moi

Si les animaux délimitent un territoire, c'est pour pouvoir être tranquille et trouver suffisamment de nourriture pour eux et leurs petits sans devoir aller trop loin. Les ressources sont ainsi mieux réparties entre les familles d'une même espèce. Pour délimiter leur domaine, les oiseaux du jardin utilisent le chant. Les mammifères, qui ont un odorat très développé, marquent leur territoire en déposant leurs crottes de loin en loin.

Plus tranquille

Un animal qui connaît bien son territoire vit beaucoup plus en sécurité. Il sait où et quand s'alimenter sans dépenser trop d'énergie, et évite plus facilement les dangers lors de ses déplacements. On sait, par exemple, que les jeunes hérissons à la recherche d'un domaine libre se font plus facilement écraser par les automobiles que les adultes qui ont déjà un territoire.

Selon les ressources

Pour une même espèce, la taille du territoire est d'autant plus petite qu'il y a beaucoup d'abris et de nourriture. Par exemple, dans un jardin où il y a beaucoup de vers, d'insectes et de baies, un territoire de merle est de 2 000 m^2 environ, alors que dans un endroit plus pauvre, il peut être quatre fois plus grand.

Avec une alimentation et des abris différents, mulot...

... et chardonneret peuvent cohabiter sans problème.

Chevauchement de territoires

Plusieurs espèces d'oiseaux et de mammifères peuvent vivre en bonne harmonie dans un même endroit. Il suffit qu'ils n'aient pas exactement la même alimentation et les mêmes abris. Ainsi, le merle, le chardonneret, la mésange charbonnière et le rouge-queue noir, la musaraigne, le campagnol, le mulot et le hérisson ne se dérangent pas.

Pour le nid ou pour la chasse ?

Les couples de rouges-gorges et de merles ont un territoire qui comprend l'emplacement du nid mais aussi le terrain de chasse. Pour les hirondelles de fenêtre, le territoire se réduit à l'emplacement du nid et le domaine de chasse est commun à toutes les hirondelles du village.

Territoires vus du ciel

Compare sur ce dessin la taille du territoire de plusieurs animaux. Le plus petit est celui de la musaraigne, avec seulement 500 m². Il peut y en avoir plusieurs dans un seul jardin. Vient ensuite le merle, avec 2 000 m², puis le hérisson, qui, avec un territoire de 2 hectares au minimum (20 000 m²), se déplace dans une grande partie du village.

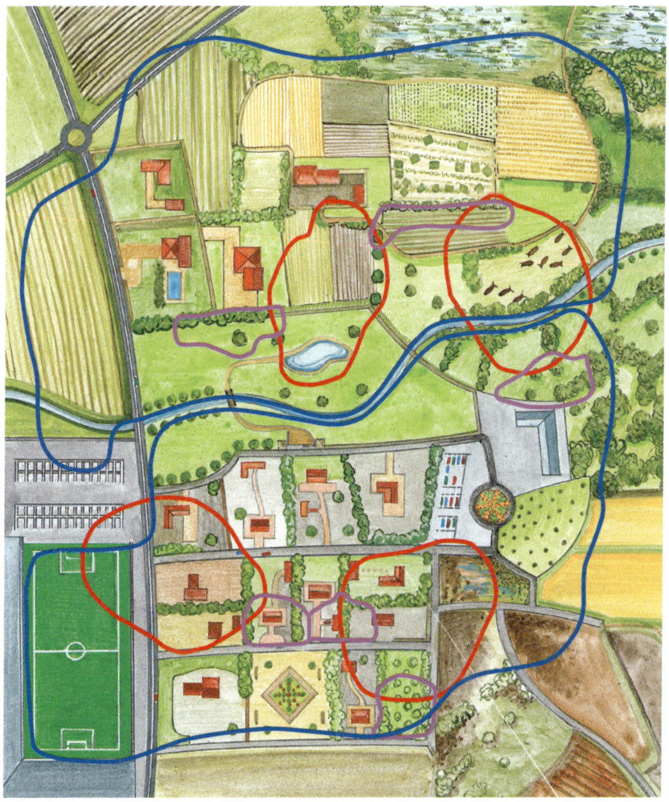

Territoires de hérissons
Territoires de merles
Territoires de musaraignes

La souris mange de tout et, bien sûr, elle raffole du fromage.

Le lérot et la souris

Le lérot et la souris ont en commun d'apprécier les maisons des hommes, où ils font souvent leur nid et où ils dévorent les réserves de nourriture. Mais, à part cela, ils ont bien des différences.

Carte d'identité

Nom commun : **souris grise**
Nom savant : *Mus musculus*
Ordre : rongeurs
Famille : muridés
Taille : 12 à 20 cm, dont 6 à 9 cm pour la queue
Poids : 10 à 35 g
Reproduction : jusqu'à 10 portées de 5 à 7 petits par an
Description : couleur grise
Signes particuliers : grandes oreilles

Ils peuvent aller partout

La souris est très agile et grimpe très bien, mais elle est loin de valoir le lérot. Il monte sans problème le long d'un mur en s'agrippant aux joints entre les pierres ou les briques, et même en s'accrochant au crépi. Cette agilité lui est très utile pour atteindre les fruits tout au bout des branches dans le verger. Il suffit d'un trou minuscule de quelques centimètres de diamètre pour qu'il puisse entrer et il arrive quelquefois qu'il soulève les tuiles pour se glisser dans le grenier.

La souris fait souvent ses petits dans des vieux linges.

Des nids douillets

Quand on veut vivre dans les maisons des hommes, il vaut mieux trouver un endroit discret pour faire son nid. La souris est si petite qu'elle peut s'installer sous les planchers ou derrière les plinthes. Comme le lérot, elle peut aussi se cacher dans des tas de vieux papiers et de linge. Le lérot affectionne la laine de verre et on se demande bien comment il ne souffre pas de démangeaisons.

Le lérot a vraiment un air coquin !

Carte d'identité

Nom commun : **lérot**

Nom savant : *Eliomys quercinus*

Ordre : rongeurs

Famille : gliridés

Taille : 23 cm, dont 10 cm pour la queue

Poids : 50 à 120 g

Reproduction : 1 portée de 4 petits en moyenne

Description : dos brun-gris, bandeau noir autour des yeux et des oreilles.

Signes particuliers : queue poilue terminée par une touffe noire et blanche.

Deux nids pour le lérot

Contrairement à la souris, active toute l'année, le lérot hiberne. D'octobre à mars, il va dormir dans un nid plus gros que celui dans lequel il a fait ses petits. Le nid de reproduction peut être à l'extérieur de la maison, et ressemble à celui d'un oiseau, avec des herbes et des feuilles posées sur une fourche dans un arbuste.

Pour pouvoir passer l'hiver sans manger, le lérot double pratiquement son poids avant l'hibernation.

Chacun ses goûts

Le lérot vient souvent dans nos maisons mais il vit surtout dans la nature. Pour la souris, c'est l'inverse. Elle vit essentiellement près de l'homme, mais elle se rencontre parfois dans la nature et peut creuser des terriers dans les champs.

Les deux goulus

Le lérot est plutôt un amateur de fruits. Il mange des noix, des noisettes, des pommes, des poires, et quelquefois de petits animaux. La souris est omnivore, tout lui plaît : les graines, le riz, les pâtes, le sucre, et même le papier, la bougie et le savon !

Le jardin la nuit

Quand la nuit tombe et que la maison s'endort, tu entres dans ton lit douillet car tu as fini ta journée. Pour beaucoup de bêtes sauvages, la journée ne fait que commencer, et ton jardin va recevoir de nombreux visiteurs…

Se diriger dans le noir

La nuit n'est jamais vraiment noire et la vue des animaux est mieux adaptée à l'obscurité que la nôtre. Pour repérer leurs proies, les rapaces nocturnes se servent de leur ouïe, tandis que les mammifères utilisent surtout leur odorat. Chacun connaît son territoire dans le moindre détail.

La chouette effraie voit très bien la nuit.

C'est l'heure du repas

À la tombée de la nuit, tout un petit monde s'éveille et part en quête de nourriture. Les chauves-souris poursuivent les moustiques et les papillons de nuit. La chouette effraie et la fouine chassent les campagnols et les mulots. Le hérisson patrouille dans le gazon ou le potager à la recherche d'insectes et de vers de terre. Quant au lérot, il déguste les pommes et les poires du verger.

Histoire d'être tranquille

Pourquoi certains animaux comme la fouine ou le hérisson sont-ils nocturnes alors que leur vision n'est pas spécialement adaptée à la nuit ? Tout simplement parce que la nuit, les hommes et les chiens dorment et que la nature est alors bien plus tranquille. Dans les endroits très sauvages, beaucoup d'espèces nocturnes peuvent être actives le jour.

Un coléoptère anesthésiste

Si tu la croises en journée, la femelle du ver luisant te paraîtra bien insignifiante. À la différence du mâle, à l'allure de coléoptère, la femelle a gardé la forme de la larve et n'a donc pas d'ailes. Sa particularité se révèle la nuit : pour attirer les mâles, elle émet de la lumière au bout de son abdomen, jusqu'à ce qu'elle soit fécondée.

Observe dans le noir

• **une lampe électrique**

1. Il n'est pas question de se promener dans le jardin avec une lampe électrique. Ça serait le meilleur moyen de faire fuir les animaux ! Pour les voir, assieds-toi dans un endroit confortable et attends tranquillement, sans bouger d'un poil ni faire aucun bruit.

2. Ce n'est que lorsque tu entendras quelque chose qui gratte dans l'herbe ou dans les branches que tu devras allumer ta lampe dans la direction du bruit. Tu pourras alors voir un hérisson, un lérot, un mulot, et bien d'autres choses…

Il n'y a pas que des pigeons au jardin public : d'autres petits habitants, comme cet écureuil, y ont élu domicile.

Dans

la ville

La ville semble être à l'opposé de la nature. Pourtant, elle accueille quelques animaux et plantes qui ont su s'adapter à des conditions de vie bien particulières.

Des habitats variés

Pour les hommes, tout semble opposer la ville à la campagne, mais les animaux ne voient pas les choses comme nous. Pour eux, beaucoup d'éléments de la ville ressemblent à des paysages naturels.

L'écureuil roux est facilement visible dans les parcs.

De l'eau

Beaucoup de villes sont traversées par des fleuves ou se trouvent en bord de mer. Les parcs possèdent souvent un bassin, quelquefois de grande taille. On voit de plus en plus de bassins de décantation. Tous ces milieux font le bonheur des oiseaux aquatiques comme le canard colvert, la foulque macroule et la poule d'eau.

Des arbres

Les arbres, indispensables à un grand nombre d'animaux, dont les oiseaux, sont très présents en ville de différentes manières. Les rangées d'arbres qui bordent les rues ressemblent à des haies. Les arbustes et les arbres des jardins sont comme des bosquets. Les parcs et les cimetières, souvent très boisés, s'apparentent à des forêts, et peuvent ainsi accueillir l'écureuil roux.

Les pelouses attirent les criquets.

Des prairies

Les pelouses, que les oiseaux et les lapins considèrent comme des prairies, existent aussi en ville. Celles des jardins et des parcs sont nombreuses, mais les plus grandes se trouvent entre les pistes des aéroports, autour des usines, et bien entendu sur les stades. Elles attirent également des papillons et d'autres insectes.

Des bancs de gravier

En ville, un grand nombre d'immeubles n'ont pas de toit et sont couverts par une terrasse rendue étanche et tapissée de gravier. Ce genre de site est idéal pour les colonies de goélands et de mouettes rieuses, qui aiment nicher au sol, sur le sable ou les galets, et qui trouvent là un endroit très tranquille.

Des falaises

Imagine que tu es un oiseau des parois rocheuses, comme le faucon crécerelle, le choucas des tours ou le martinet noir. Tu arrives en ville et tu vois une magnifique cathédrale, à quoi penses-tu ? Aux merveilles de l'architecture ou à un superbe endroit pour nicher ?

Les cigognes ont colonisé les clochers de cette église espagnole.

Des oiseaux citadins

Pas toujours facile, la vie en ville ! De nombreux oiseaux y ont pourtant élu domicile, et certains s'y portent même mieux qu'à la campagne. Pour d'autres, c'est plus compliqué. Mais pour toi, c'est toujours l'occasion d'observations passionnantes à proximité !

Le martinet noir passe sa vie en vol, et ne se pose que pour nicher. Que de belles sarabandes au début de l'été !

Le choucas des tours se regroupe en colonies dans les châteaux et les bâtiments anciens.

Chambre à louer

En ville, que d'immeubles et de grands bâtiments ! Tout ça n'a pas l'air très confortable pour les oiseaux. Certains ne nichent pourtant que dans nos constructions, qui sont pour eux l'habitat le plus proche de leurs falaises et rochers d'origine. Lève donc les yeux à la recherche de l'hirondelle de fenêtre, du martinet noir, du choucas des tours, du rouge-queue noir et du faucon crécerelle.

Le corbeau freux ressemble beaucoup à la corneille noire. Les adultes sont reconnaissables à leur bec dénudé à la base.

Amateurs d'arbres

Certains oiseaux ne s'installent en ville que là où il y a des arbres car ils y font leur nid. Il en faut suffisamment pour le corbeau freux qui niche en colonies. On peut ainsi voir des dizaines de nids en haut des arbres, le long des avenues ou dans les parcs. Malheureusement pour les habitants, son cri n'est pas très discret et quand les oiseaux sont nombreux, cela peut devenir très agaçant !

Pensons à eux !

La vie devient difficile pour les oiseaux des villes qui nichent dans les trous et les fissures. Les nouvelles constructions en béton sont beaucoup plus lisses que les bâtiments anciens et offrent de moins en moins de logements. Et bien souvent, lorsqu'on rénove un bâtiment, on bouche tous les trous sans tenir compte des oiseaux qui en profitaient. C'est ainsi que certaines colonies d'hirondelles de fenêtre ou de martinets ont malheureusement disparu.

La tourterelle turque est reconnaissable à son plumage gris.

Une vraie conquérante

Comme son nom l'indique, la tourterelle turque vient d'Orient. Sans que l'on sache exactement pourquoi, elle a commencé à s'installer en Europe dans les années 1930 puis elle est arrivée en France en 1950. Aujourd'hui, tu peux la voir dans tous les villages et quasiment toutes les villes, où ses lieux favoris sont les parcs et les jardins. Tu reconnaîtras facilement son plumage et son doux roucoulement.

Nocturnes et urbains

Certains rapaces nocturnes peuvent installer leur nid en ville. Pour observer la chouette hulotte et le hibou moyen duc, explore les arbres des grands parcs. Tu trouveras plutôt les nids de la chouette effraie dans les bâtiments (clochers et greniers).

Des nuages qui dansent

En hiver, les étourneaux se rassemblent par milliers pour passer la nuit. Ces dortoirs s'installent de plus en plus en ville, dans les arbres, mais aussi sur les fils électriques, les pylônes ou les rebords de toits. Avant de se poser, les étourneaux forment un véritable nuage, qui semble danser dans le ciel du soir. Comment font-ils pour ne pas se percuter ?

Ce nuage compte plusieurs dizaines de milliers d'étourneaux.

Pigeon des villes et moineau domestique

Les moineaux et les pigeons sont présents dans toutes les villes. Tu es tellement habitué à les voir que tu ne les regardes peut-être même plus. Et si tu les redécouvrais ?

Le pigeon des villes ressemble beaucoup à son ancêtre sauvage, mais il a parfois des couleurs très différentes.

Sauvage ou domestique ?

Malgré son nom, le moineau domestique n'a jamais été domestiqué. C'est un oiseau sauvage, venu s'installer de lui-même près des hommes. Le pigeon des villes, lui, est le descendant redevenu sauvage de pigeons d'élevage qui ont retrouvé leur liberté. Devenu beaucoup plus rare, il niche dans les falaises.

Le pigeon biset est à l'origine de toutes les races de pigeons d'élevage et de nos pigeons des villes.

Carte d'identité

Nom commun : **pigeon des villes**
Nom savant : *Columba livia* (forme urbaine)
Ordre : colombiformes
Famille : colombidés
Taille : 30 cm
Envergure : 60 cm
Poids : 250 g
Description : le plus souvent presque identique au pigeon biset, mais il peut être de toutes les couleurs du blanc au noir, et même roux.
Reproduction : 3 à 6 pontes de 2 œufs par an.

Effrontés !

Les pigeons ne respectent vraiment rien, ni la religion, ni l'histoire, ni l'art. Ils n'hésitent pas à faire leurs fientes sur la tête des saints des cathédrales, sur les statues des grands hommes ou sur les décors sculptés des façades.

Jamais très loin

Le pigeon des villes et le moineau domestique sont de vrais sédentaires. Ils passent toute leur vie dans un petit périmètre autour de l'endroit où ils font leur nid et où ils trouvent facilement leur nourriture. Ils se regroupent souvent dans les parcs et près des bancs, où les amis des bêtes leur distribuent des graines et des miettes.

Miettes et mie de pain au menu du moineau domestique.

Trop c'est trop

Il paraît que le moineau de Paris, et d'une manière générale de toutes les grandes villes, est en train de disparaître. Cela peut paraître incroyable pour un animal aussi abondant et familier. On s'est pourtant aperçu que les oxydes de carbone dégagés par les pots d'échappement des voitures ne sont pas bons pour sa santé, ni pour celle des insectes dont il se nourrit. Encore une victime de la pollution et de l'automobile !

Carte d'identité

Nom commun : **moineau domestique**

Nom savant : *Passer domesticus*
Ordre : passériformes
Famille : passéridés
Taille : 14 cm
Envergure : 25 cm
Poids : 30 g
Description : dos brun rayé de noir, ventre blanc-gris sale ; chez le mâle : calotte grise, nuque brune, plastron et pourtour de l'œil noir.
Reproduction : 1 à 3 pontes de 3 à 6 œufs par an.

Chez le moineau domestique, mâle et femelle n'ont pas le même plumage.

Couac !

Pigeon et moineau ne sont pas des champions du chant. Ils sont loin des prouesses du rossignol ! La plupart du temps, le moineau se contente d'un « tchip tchip » un peu aigu, tandis que le pigeon roucoule à longueur de journée.

Chauve-souris

Des mammifères bien installés

Tu te dis sûrement que la ville est très inconfortable pour les mammifères sauvages. Elle en abrite pourtant un certain nombre, qui ont su s'adapter et ne semblent pas être dérangés par la circulation, le bruit et les mauvaises odeurs.

Responsables !
Trop de gens choisissent leur animal de compagnie sans envisager leur environnement. Et sans penser aux conséquences en cas d'évasion ou d'abandon de l'animal. Ainsi, avec la mode des Nac (nouveaux animaux de compagnies), on peut retrouver en ville des singes, des boas ou même encore des crocodiles !

Chasseuses nocturnes

Comme les martinets et les hirondelles, les chauves-souris chassent les insectes, nombreux au bord de l'eau. Elles logent souvent sous les ponts, où elles profitent des trous et des fissures entre les pierres ou dans le ciment. La ville les attire aussi à cause des lampadaires, qui attirent beaucoup d'insectes à la nuit tombée.

Écureuils de tous les pays

Tu connais déjà l'écureuil roux, celui qui vit dans nos forêts. En ville, c'est dans les parcs que tu pourras le voir. Tu auras peut-être la surprise d'y rencontrer un écureuil gris, originaire d'Amérique du Nord ou un écureuil de Corée, venu d'Asie. Ils sont souvent achetés comme animaux de compagnie par les citadins, qui les relâchent parfois quand ils ne savent plus quoi en faire. Ces deux écureuils sont très jolis, mais leur présence dans la nature n'est pas forcément une bonne chose car ils prennent la place de l'écureuil roux.

Écureuil roux

Écureuil de Corée

Écureuil gris

Gentille carnivore

La fouine est le carnivore le plus proche de l'homme. Son gîte est très souvent dans une habitation, y compris en pleine ville. Son territoire s'étend sur quelques centaines de mètres aux alentours. La fouine se déplace en courant sur les toits et en descendant le long des murs et des canalisations. Elle est un prédateur efficace des rats et des souris.

La fouine mange aussi les pommes tombées à terre.

Rats d'égouts

Les rats d'égouts vivent dans des endroits généralement très sales et peuvent transmettre à l'homme plusieurs maladies graves. Mais les progrès dans la collecte des eaux et celle des ordures l'ont rendu moins abondant en Europe qu'au siècle dernier.

Le rat d'en bas et celui d'en haut

Le rat gris, appelé aussi surmulot, aime les endroits humides, tels que les égouts, les caves, les sous-sol et les décharges, d'où son surnom de rat d'égout. Ses incroyables facultés d'adaptation lui ont permis de conquérir le monde entier et de vivre dans toutes les villes. Le rat noir est lui aussi présent partout mais il préfère les endroits chauds et secs. Il habite souvent les combles et les greniers. C'est un excellent grimpeur et il peut faire son nid dans les arbres.

Goupil, héros de nombreux contes, se promène maintenant dans nos villes.

Sur la piste du renard

Le renard est à l'origine un animal des bois et des champs. On le rencontre pourtant de plus en plus en ville. Que fait-il là et comment réussit-il à vivre dans un milieu aussi artificiel ?

Éboueurs à quatre pattes

S'il y a autant de renards en ville, c'est qu'ils trouvent suffisamment de nourriture. Contrairement à ce que tu imagines peut-être, il y en a beaucoup plus dans les rues que dans la nature. Les renards urbains mangent beaucoup d'animaux écrasés par les automobiles (chiens, chats, hérissons, pigeons ou rats). Mais les poubelles sont leur principale source d'alimentation, et elle semble inépuisable.

À qui la faute ?

On a l'impression que les renards viennent conquérir les villes. En réalité, ce sont plutôt les villes qui vont vers les renards. Chaque année, des centaines de kilomètres carrés de campagne sont remplacés par des lotissements ou des zones industrielles, particulièrement dans les banlieues. Dans ce territoire aménagé, le renard a quand même réussi à survivre, et c'est peut-être ainsi qu'il s'est habitué à la ville.

C'est plutôt la nuit que sortent les renards. Mais ils peuvent s'enhardir, tentés par le contenu d'une poubelle .

Il n'est pas rare de croiser un renard roux dans un entrepôt, comme ici au milieu de matériel d'échaffaudage.

Drôle d'habitat

En général, les renards font leurs petits dans un terrier au milieu des bois. En ville, ils ont su s'adapter en s'installant dans les gares, sous les voies ferrées, dans des usines ou dans des entrepôts. On en a même vu dans les caves des grandes cités ou dans les sous-sol des hôpitaux. Comme ils ne sortent presque que la nuit, ils peuvent passer inaperçus pendant longtemps.

Un faux tremblement de terre

Le sismographe de l'université d'Oxford, en Angleterre, enregistre les tremblements de terre. À une époque, les scientifiques avaient tous les matins la surprise de constater de très forts mouvements enregistrés durant la nuit. Or aucun tremblement de terre n'avait eu lieu. Après bien des recherches, ils se sont finalement aperçus que des renards, installés sous le plancher, étaient à l'origine de ces forts tremblements !

Le renard et toi

Il y a peut-être des renards dans ta ville, et tu aimerais qu'ils viennent te rendre visite ? C'est tentant, mais n'oublie pas que si le renard est un animal sauvage, il peut vite s'habituer à venir chercher sa nourriture chez toi et devenir très entreprenant. Ne cherche donc pas à le nourrir ni à l'apprivoiser. S'il trouve suffisamment de ressources, il s'installera de lui-même, et tu verras peut-être un jour des renardeaux dans ton jardin !

À l'étroit

À la campagne, une famille de renards possède un territoire de 4 à 10 km^2, alors qu'en ville, un seul kilomètre carré peut accueillir jusqu'à trois familles de renards. En Angleterre, à Bristol, les zoologistes ont demandé aux enfants des écoles de leur signaler toutes leurs observations de renards dans la ville. Ils ont ainsi estimé que 211 familles de renards y vivaient. Bristol s'étendant sur 116 km^2, cela fait en moyenne presque deux familles de renard par kilomètre carré...

Plantes sauvages

La ville ne semble pas un milieu idéal pour les plantes sauvages. Celles-ci ont pourtant tellement envie de vivre qu'elles s'installent dans les moindres petits coins. Tu peux faire de nombreuses découvertes simplement en te promenant dans les rues.

Même le bitume n'empêche pas les plantes de pousser.

Grande chélidoine

Cymbalaire des murs

Géranium herbe-à-Robert

Capillaire des murailles

Sur les vieux murs

Dans les villes où tout est goudronné, piétiné et désherbé, les vieux murs sont un bon endroit pour observer des plantes sauvages. Tu rencontreras peut-être la grande chélidoine, aux fleurs jaunes, le géranium herbe-à-Robert, aux jolies fleurs roses, et l'orpin blanc, aux fleurs blanches ou rose pâle. Tu peux aussi rechercher les fleurs délicates de la cymbalaire des murs, et la capillaire des murailles, une petite fougère. Et il y en a bien d'autres !

Un habit de verdure

Le lierre et la vigne vierge sont deux plantes grimpantes qui habillent joliment les murs et couvrent de grandes surfaces. Le lierre garde ses feuilles toute l'année, mais celles de la vigne vierge, qui tombent chaque année, prennent à l'automne une couleur rouge flamboyant du plus bel effet.

Les pionnières

Dans certaines villes, lorsque des botanistes décident de réaliser un inventaire des plantes sauvages, ils recensent bien souvent plusieurs centaines d'espèces ! Parmi les plantes qui poussent spontanément sur les terrains à l'abandon, les plus communes sont les chardons, les orties et le liseron.

Dès la première année, les plantes repoussent sur les terrains abandonnés.

Des arbres de toutes sortes

Pour t'entraîner à reconnaître les arbres, rien de tel qu'un petit tour dans le parc le plus proche, que tu peux visiter en toute saison. En plus des arbres sauvages de chez nous, les parcs abritent en général de nombreuses espèces exotiques, souvent identifiées par une petite pancarte. Tu peux ainsi faire un tour du monde et voir des cèdres, des séquoias, des ifs et, dans les régions chaudes, des palmiers, des cactus, des bananiers ou des bambous. Dans ces parcs, les arbres sont préservés et ont le temps de vieillir. Il est alors plus facile d'y rencontrer des espèces centenaires que dans la nature.

Quand la nature reprend ses droits

Quand une usine ferme ses portes ou qu'un terrain attend plusieurs années avant d'être construit, la vie végétale reprend aussitôt. Toutes sortes de graines en attente dans le sol ou transportées par le vent se mettent à germer. Les plantes qui apparaissent alors attirent des oiseaux qui viennent manger leurs graines et des insectes qui se nourrissent sur leurs fleurs.

Installe un « jardin » sur ton balcon

- **un bac de terre**
- **quelques graines**

Si tu n'as pas la chance d'habiter une maison avec un jardin autour tu peux quand même faire un mini-potager sur un balcon ou un rebord de fenêtre. Il te suffit de préparer un bac de terre et d'y semer quelques graines, comme par exemple du persil, des fines herbes ou du thym. Tu n'auras pas à aller loin pour arroser et tu ne te fatigueras pas beaucoup pour désherber !

Au détour d'une haie, au creux d'un bosquet, la campagne regorge d'abris accueillants.

Dans les prés et

Morcelée en parcelles délimitées par les chemins et les haies, la campagne ressemble à une mosaïque. Plus le paysage est découpé, plus les fleurs et les animaux sont nombreux.

les champs

Apprendre à observer

Il est possible de faire de belles observations par hasard. Mais, la plupart du temps, tu devras être plus malin que les animaux sauvages pour les observer. Voici comment…

L'idéal, c'est la neige

Grâce à la neige, tu peux repérer très facilement le passage des animaux. En suivant cette piste, tu peux aussi trouver leur terrier et les principaux endroits où ils se nourrissent. Alors, dès qu'il neige, va vite sur le terrain, c'est une occasion exceptionnelle !

Les lieux de passage

À force de marcher sur le sol au même endroit, les mammifères tracent un chemin que l'on appelle une coulée. Cache-toi tout près pour les voir passer. Les coulées les plus fréquentes sont au bord de la rivière, près des terriers, à la limite du bois et des prés ou sur les pentes en montagne. Pour rejoindre la mare où ils vont pondre, les batraciens traversent les routes. C'est là que tu peux les voir à la fin de l'hiver.

Équipe-toi

- **un sac à dos**
- **des jumelles**
- **une petite loupe**
- **un carnet de notes et un stylo**
- **un guide d'identification**

1. Enfile des vêtements confortables et solides : tu devras grimper aux arbres ou sur des rochers, ramper dans la boue… Choisis des chaussures de marche, une casquette et prévois aussi un imperméable.

2. Ne charge pas trop ton sac à dos : il doit juste contenir une gourde, un filet de camouflage et ton appareil photo. N'oublie pas d'y glisser ton carnet d'observation et un guide pour t'aider à identifier les plantes et les animaux sur le terrain.

La bonne adresse

Chaque animal a un endroit préféré pour manger. À toi de le repérer. Au bord de l'étang, où la loutre et le héron pêchent. Dans un arbre, où il y a des fruits, des noisettes pour l'écureuil, des boules rouges pour le merle et des pommes pour le lérot. Dans la prairie, où broutent le chevreuil et le lapin. En hiver, les petits passereaux sont faciles à observer sur la mangeoire que tu as fabriquée pour eux.

Pour observer le blaireau, il faut se cacher près de son terrier en fin de journée.

Ce chevreuil mâle broute dans un champ moissonné.

Le bon moment

Pour observer les animaux nocturnes, il te faut sortir à la tombée de la nuit ou au lever du jour. À la saison des amours, les mammifères forestiers sont moins discrets et sortent des bois. Tu peux alors entendre bramer le cerf. Au printemps, on voit facilement les renardeaux à leurs premières sorties du terrier. Le meilleur moment pour entendre les batraciens et les trouver dans les milieux humides est la fin de journée, lorsque la température est douce. Et quand il pleut, c'est le moment idéal pour voir la salamandre partir en chasse.

L'affût camping : une simple toile de tente !

Fabrique ton affût

Les animaux sauvages voient, entendent et sentent bien mieux que les hommes. Il faut donc trouver un moyen de passer inaperçu. Ce moyen, c'est l'affût.

Où et quand ?

Le choix de l'emplacement de l'affût doit se faire en fonction de l'animal que tu veux observer et du terrain sur lequel tu te trouves. Dans tous les cas, il doit être bien camouflé et, si possible, installé quelques jours à l'avance.

Camoufle-toi avec un filet

• un filet dans les tons de vert et marron, récupéré ou acheté dans un surplus militaire

1. Allonge-toi par terre et recouvre-toi entièrement avec le filet. Choisis bien l'endroit où tu vas te coucher car si cet affût est le plus simple à mettre en œuvre, c'est aussi le moins confortable !

2. Tu peux aussi tendre le filet entre deux troncs d'arbres. Mais n'oublie pas de le rabattre au-dessus de ta tête, sinon les oiseaux pourraient te repérer.

Bricole une cabane

• **des branches et du feuillage trouvés sur place**

1. Bâtis un cadre solide avec les branches. Attache-les entre elles.

2. Bouche ensuite les espaces avec des feuilles, des herbes, des fougères…

Chut…

Ce n'est pas parce que tu es caché derrière ton filet ou dans ton affût que tu peux faire du bruit ou bouger sans arrêt. Reste le plus possible immobile, ne parle pas et évite de faire remuer la toile en t'appuyant dessus.

En toute discrétion

Jaune et marron, vert et noir ou tout ça à la fois, la couleur de ton affût doit bien se confondre avec le paysage. Attention surtout à l'endroit où tu le mets en place : s'il se découpe sur l'horizon, tu seras vite repéré…

C'est en mai-juin, avant les foins, que les prairies sont les plus belles.

Des prairies pleines de vie

Les prairies ne sont pas seulement ces grandes étendues vertes où broute le bétail. Elles servent à la fois d'abri et de garde-manger à de nombreuses espèces. Ainsi, elles sont indispensables au développement de toute une vie sauvage, souvent discrète mais toujours passionnante.

Artificielle ou naturelle

Toutes les prairies ne sont pas identiques. Comme les champs, les prairies artificielles sont ensemencées, avec seulement quelques plantes qui servent à nourrir le bétail. Il y a peu de place pour les espèces sauvages. Les prairies naturelles accueillent au contraire de nombreuses fleurs, qui attirent à leur tour quantité d'insectes, et offrent un très beau spectacle à la fin du printemps.

Prairie ou champ ?

Une prairie est un terrain couvert d'herbe qui peut être pâturé par des vaches, des chevaux ou des moutons. Certaines prairies sont fauchées pour faire des réserves de foin pour l'hiver. Un champ est un terrain cultivé. Il connaît plusieurs stades dans l'année : labour, semis, pousse et moisson.

Vue imprenable sur la prairie

La cigogne blanche, qui a besoin des prairies humides pour se nourrir, aime construire son nid de branchages sur un grand arbre isolé, d'où la vue est bien dégagée. Lorsque le milieu est favorable à la cigogne et que ce type d'arbre fait défaut, les ornithologues lui installent parfois des plates-formes au milieu des grands prés. Ces perchoirs sont souvent à son goût...

Un couple de cigognes blanches sur une plate-forme.

Par temps d'orage, la prairie humide se pare de couleurs métalliques.

Les prairies humides

Certaines prairies situées dans des fonds de vallées sont humides toute l'année. Elles sont indispensables pour la nidification d'oiseaux comme le courlis cendré, la bécassine des marais et le vanneau huppé.

Tarier des prés

Le gîte et le couvert

Souvent proches des prairies, les vergers offrent des sites de nidification et de la nourriture. Les branches et les troncs creux abritent les mésanges, la chouette chevêche et les étourneaux. Les cerises font le régal des merles, des étourneaux et des grives. Et en hiver, les oiseaux et les petits rongeurs viennent manger les pommes tombées à terre.

Un milieu bien attirant

Les prairies attirent de nombreux animaux des forêts, surtout le soir et la nuit. Le chat sauvage et le renard y capturent les campagnols, tandis que le blaireau vient se régaler de quantité de vers de terre. Et le chevreuil et le cerf ne peuvent résister à une herbe bien tendre... Certains oiseaux y font leur nid à même le sol, au milieu des pâturages ou au pied des haies et des buissons. Une prairie en bordure de forêt est une garantie pour la richesse de la faune et un bon lieu d'observation.

Certains champs peuvent mesurer plusieurs dizaines d'hectares.

Dans les champs cultivés

Les grands champs de céréales peuvent te sembler bien déserts. Ce ne sont bien sûr pas les milieux les plus riches, mais ils accueillent tout de même des plantes et des animaux particuliers.

Participe au sauvetage des busards

S'il y a des busards près de chez toi, il y a sûrement des ornithologues qui interviennent chaque année pour éviter que la moissonneuse détruise nids et jeunes. Une des méthodes de sauvetage consiste à conserver autour du nid un carré de céréales non moissonné, le temps que les jeunes soient capables de voler. Tout cela demande beaucoup de temps et de patience : il faut repérer les nids, contacter les agriculteurs, etc. Et si tu les aidais ?

De la steppe au champ de blé

Le busard cendré et le busard Saint-Martin sont des rapaces qui nichent à terre, autrefois dans les landes et les steppes. À cause de la disparition de ces milieux, ils s'installent maintenant dans les grands champs de céréales, qui leur offrent tranquillité et sécurité. Malheureusement, la moisson intervient souvent avant que les jeunes soient capables de voler et ils risquent d'être broyés par la moissonneuse.

Busard Saint-Martin mâle

Busard cendré mâle

Le grand hamster

Sais-tu qu'il existe en France une espèce de hamster sauvage ? Le grand hamster n'est présent chez nous qu'en Alsace. Il vit dans les champs, où il creuse des galeries dans lesquelles il stocke de l'herbe et des graines. C'est un animal très menacé.

Le rat des moissons

Ce petit rongeur est ainsi appelé car il construit avec des herbes un nid en boule qu'il attache aux tiges des céréales. Il passe beaucoup de temps à se nourrir, surtout d'herbe et de graines. C'est bien pratique d'habiter au beau milieu du garde-manger !

Le rat a accroché son nid aux tiges des épis de blé.

La caille des blés

La caille des blés porte bien son nom. Elle se cache et niche au sol, au milieu des tiges de céréales, mais aussi très souvent dans les champs de trèfle. Elle peut faire une couvée d'une quinzaine d'œufs. Les poussins quittent le nid sitôt nés et il est très amusant de les voir suivre leur mère à la queue leu leu.

Les principales céréales

Tu sais sûrement reconnaître les grandes fleurs jaunes du tournesol et les épis de maïs. Mais sais-tu faire la différence entre blé, orge, seigle et avoine ? Regarde bien la forme des épis et tu verras que ce n'est pas si difficile...

Bleu, blanc, rouge

Certaines fleurs sauvages sont typiques des champs cultivés, et beaucoup sont devenues rares à cause de l'agriculture intensive. Mais tu rencontreras sûrement les trois plus communes : le bleuet, le coquelicot et la marguerite, dont les couleurs magnifiques ressortent bien dans l'or des blés.

Précieuse haie

Vu du ciel, le bocage apparaît comme une immense toile d'araignée, dont les fils seraient les haies et les rangées d'arbres. En regardant de plus près, tu verras que la haie a bien des utilités.

Corridor vert

Mises bout à bout, les haies constituent un très long corridor de verdure. Celui-ci offre aux animaux des endroits pour vivre à côté des prés et des champs, là où les abris ne sont pas nombreux. Grâce aux haies, les petits oiseaux migrateurs trouvent chaque jour des lieux de repos et de nourriture.

Plus efficace qu'un mur

Les haies protègent les cultures et les vergers en freinant le vent. Quand il butte contre un mur, le vent retombe violemment de l'autre côté. En arrivant sur une haie, il est dispersé et affaibli lors de son passage à travers le rideau végétal.

Les talus à la base des haies empêchent le ruissellement de l'eau. Une bonne arme contre la sécheresse !

À l'abri

La présence d'une haie est très bénéfique pour les vaches tout au long de l'année. Pendant la mauvaise saison, elle les protège du froid, du vent et de la pluie, et elle leur offre de l'ombre et de la fraîcheur durant les fortes chaleurs. Il a été prouvé que les vaches qui vivent dans des prés bordés de haies produisent 20 % de lait en plus.

Huppe fasciée

Fauvette à tête noire

Le niveau des buissons et des arbustes, entre 1 m et 3 m, convient au lérot et aux petits oiseaux qui nichent dans les branches basses : le rossignol le chardonneret, les fauvettes, le merle...

Les branches de la haie accueillent l'écureuil, la fouine, la tourterelle des bois, le pigeon ramier, le geai, la pie, et la huppe. La buse variable et les milans y font leur gros nid de branches. Le hibou moyen duc et le faucon crécerelle s'installent dans un vieux nid abandonné.

Perdrix rouge

Au niveau du sol, des herbes et des plantes basses, on observe un grand nombre d'espèces : la perdrix, les lézards et les serpents, le crapaud, le mulot, la belette, le hérisson...

Dans le sous-sol se trouvent la terre, les racines et les galeries. C'est le domaine du ver de terre et de la taupe. Le campagnol des champs et le lapin y font leur terrier.

Des fleurs de toutes les couleurs

Du printemps à l'automne, les prés se couvrent d'un tapis de fleurs multicolores. Un vrai régal pour les yeux !

Les jaunes

Tu connais déjà sûrement le pissenlit, avec sa fleur jaune et ses feuilles dentelées. Parfois, il y en a tant que le pré est tout jaune. Le coucou, de la même couleur, est une primevère avec des petites fleurs en clochettes qui pendent en haut de la tige. Le bouton d'or doit son nom à sa couleur et à sa forme ronde.

Coucou

Bouton d'or

Une « machine » à cueillir

Aux mois de mai et juin, dans certaines régions, les prairies se couvrent de jonquilles et de narcisses. Il y en a des milliards. Ces fleurs sont cueillies pour faire des parfums. Certains cueilleurs très ingénieux ont inventé un outil qui ne ramasse que les têtes et laisse les bulbes en terre. Ils refleuriront l'année suivante.

Compagnon blanc

Les blanches

La marguerite, avec ses larges pétales blancs et sa grande taille, se voit du premier coup d'œil. La pâquerette lui ressemble, mais grâce à sa petite taille, elle résiste mieux à la fauche et à la dent des vaches. Le compagnon blanc a une base renflée en dessous des pétales, et, contrairement aux autres fleurs, il s'ouvre le soir.

Trèfle rouge

Les roses

Le trèfle rouge, avec sa fleur en boule et ses marques blanches en V sur les feuilles, est très commun et très apprécié des vaches. Le crocus ouvre la saison des fleurs au printemps et le colchique la termine en fleurissant à l'automne.

Anémone pulsatille

Crocus

Colchique

Les bleues

Le myosotis, avec ses petites fleurs bleues au cœur jaune, est l'image de la délicatesse. La scabieuse des champs porte un bouquet de fleurs dont celles du bord sont plus grandes que celles du centre. Avec son cœur jaune entouré de gros pétales bleu-violet, l'anémone pulsatille est une des plus belles fleurs des prairies.

Myosotis

Réalise ton herbier

- **une boîte**
- **de l'essuie-tout**
- **des vieux journaux**
- **des gros livres**
- **un classeur**
- **des feuilles de papier à dessin perforées**
- **des bandelettes de papier**
- **de la colle**

1. Collecte les plantes en ramassant tout, y compris les racines si elles ne sont pas trop grosses. Transporte-les dans une boîte sur une feuille d'essuie-tout humidifiée.

2. Place-les entre deux feuilles de journal et presse-les fortement sous une pile de gros livre pour les faire sécher.

3. Lorsque les fleurs sont sèches, dispose-les bien à plat dans le classeur (une plante par feuille) et fixe-les à l'aide de bandelettes de papier collées aux deux bouts (surtout, pas de scotch !). N'oublie pas d'inscrire sur la feuille le nom de la plante et le lieu de collecte.

Insectes en tout genre

Les prairies en fleurs, les haies et les bords de chemin sont des endroits où tu pourras observer de nombreux insectes.

Avec sa tête noire et ses élytres marron brillant, le hanneton commun a un air massif. Ses antennes sont particulières, terminées par des petites lamelles. Il mange les feuilles des arbres de la haie et du verger.

Les punaises ont une forme en losange et une tête pointue. La plus commune est la punaise verte. Le pentatome rayé porte sur le dos et la tête des rayures rouge et noir très faciles à repérer.

La mante religieuse vit dans les herbes hautes. De couleur verte ou marron clair, elle mesure jusqu'à 7 cm. Elle capture des insectes avec ses pattes avant munies d'une série de crochets et les dévore vivants.

La carapace du carabe doré est d'un beau vert avec des reflets violacés. Ce coléoptère passe son temps à terre à la recherche des limaces et des escargots dont il se régale.

Tu verras voler l'ascalaphe en pleine chaleur au-dessus des prés. Lorsqu'il est posé, tu peux facilement admirer ses magnifiques ailes nervurées et tachées de noir, ainsi que ses grandes antennes en massues.

Facile à reconnaître avec ses sept points, la coccinelle est l'insecte le plus populaire. C'est aussi le plus utile et l'ami des jardiniers bio car elle dévore une grande quantité de pucerons.

Il existe de nombreuses espèce de pucerons, vivant en colonies très importantes. Ils commettent de gros dégâts en suçant la sève des plantes pour fabriquer du miellat, une substance sucrée. À leur tour, les fourmis s'attaquent aux pucerons en absorbant leur miellat.

Prés et jardins accueillent les mêmes papillons, mais deux espèces préfèrent voleter au-dessus des fleurs en été. Le demi-deuil, brun et jaunâtre, aime les endroits secs. La zygène du trèfle est superbe avec ses ailes tachées de rouge. Sa chenille vit sur le trèfle.

Près des vaches

Autour des troupeaux de vaches, il y a toujours beaucoup d'insectes. Les mouches et les taons ne cessent de les importuner. Au sol, d'autres espèces profitent de leurs bouses. L'hister à quatre taches se cache dessous pour manger les asticots pondus par les mouches. Le géotrupe, justement appelé bousier, creuse des galeries sous les bouses, dont il forme des boulettes dans lesquelles il pond ses œufs.

Maîtres chanteurs

Nuit et jour, la campagne est remplie de bruits et de chants qui ne doivent rien aux oiseaux. Découvre qui sont ces virtuoses.

Sauterelle

Criquet

Criquet ou sauterelle ?

Comment faire la différence entre un criquet et une sauterelle ? C'est très facile. Les sauterelles ont des antennes très longues et très fines, alors que celles des criquets sont plus courtes et plus épaisses.

Chansons d'amour

Pour séduire leurs partenaires, les grillons, les sauterelles et les cigales chantent. Généralement, ce sont les mâles qui poussent la chansonnette. Mais les femelles de certaines espèces répondent...

Élève des grillons

- **un aquarium**
- **un grillage à mailles fines**
- **une boîte à petits compartiments**
- **deux petites boîtes**
- **une lampe munie d'une ampoule de 40 watts**

1. Place la boîte à compartiments verticalement dans l'aquarium. Installe les deux autres au fond : elles ne doivent pas être trop hautes pour que les grillons puissent y accéder.

2. Dispose des morceaux de carottes, de la salade, des pommes coupées et de l'herbe dans la première boîte. Renouvelle souvent cette nourriture.

3. Dépose de la terre légère ou du sable dans la seconde boîte. Les grillons viendront y pondre.

4. Installe la lampe pour chauffer l'ensemble, puis recouvre l'aquarium avec le grillage.

Chantez maintenant !

Pour produire des sons audibles par leurs partenaires mais pas toujours par les hommes, les insectes ont trouvé des moyens originaux.

Drôle de berceuse

En Chine, le chant des grillons était tellement apprécié que les dames les plaçaient dans des boîtes en or, près de leur lit pour s'endormir plus facilement.

Pour striduler, les grillons et les sauterelles frottent leurs élytres avant l'un sur l'autre. Dessus, une membrane tendue amplifie le son, comme dans un haut-parleur.

Les criquets possèdent sur le fémur des pattes arrière une rangée de crans qu'ils frottent contre le bord de leurs ailes antérieures rigides, qu'on appelle élytres.

Les cigales chantent à l'aide d'un organe appelé cymbale, ou tambour, situé dans leur abdomen. Une première membrane vibre tandis que la seconde joue le rôle de caisse de résonance.

La courtilière

La courtilière porte aussi le nom de grillon-taupe. Elle ressemble en effet à un grillon géant et, comme la taupe, elle creuse des galeries souterraines avec ses pattes avant très robustes. La courtilière mesure 5 cm de long et possède une « carapace » sur la tête. Elle mange des racines et des larves d'insecte. Le mâle émet des trilles (des notes tremblantes) pour attirer la femelle. La nuit, la courtilière sort de son terrier et vole aux alentours.

Des araignées ingénieuses

Les araignées ont toujours fasciné les hommes grâce à leur incroyable ingéniosité. Pourquoi et comment tissent-elles de si belles toiles ?

Fil à tout faire

Les araignées possèdent des glandes qui fabriquent de la soie en permanence. Celle-ci devient élastique et prend la forme d'un fil au fur et à mesure qu'elle sort par les filières, des orifices spéciaux situés au bout de l'abdomen. La soie a plusieurs utilités : elle sert à fabriquer le fil de déplacement, la cachette, les cocons et les toiles.

Pièges de soie

Certaines araignées tissent des toiles géométriques. Les plus connues sont les épeires et l'argiope. Quand un insecte se prend dans la toile, elles se précipitent sur lui, l'enroulent dans des fils de soie pour l'immobiliser, et le mordent en lui injectant du venin pour le tuer. D'autres araignées tisseuses ne font pas de toile, mais des entonnoirs ou des nappes à la construction très irrégulière.

Avec son abdomen jaune rayé de noir, l'argiope fasciée est l'une des plus jolies araignées.

La construction de la toile

L'araignée fait un pont avec un fil horizontal qu'elle tend entre deux points en hauteur. Elle se laisse pendre en sortant un fil au milieu du pont.

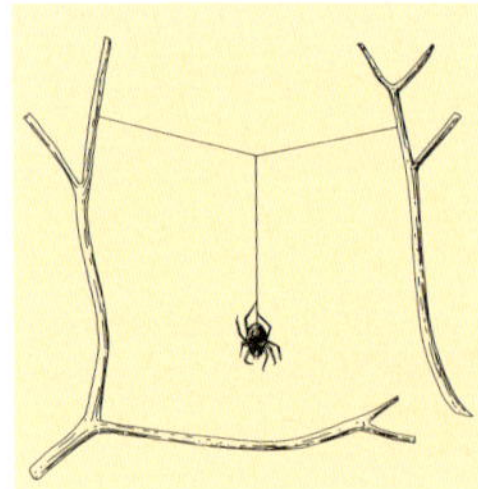

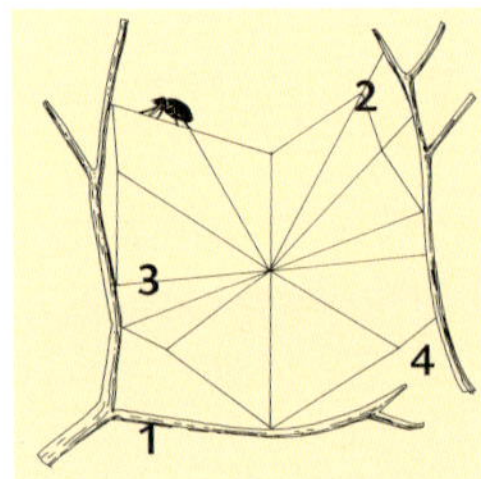

Elle construit les premiers rayons et les bords de la toile. Elle change de côté à chaque rayon pour que la tension des fils n'en déplace pas le centre.

Elle termine tous les rayons et place au centre une petite spirale. En partant de l'extérieur vers l'intérieur, elle tisse la spirale en s'appuyant sur les rayons.

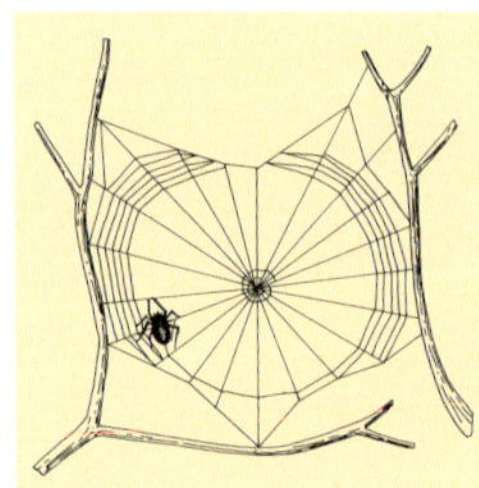

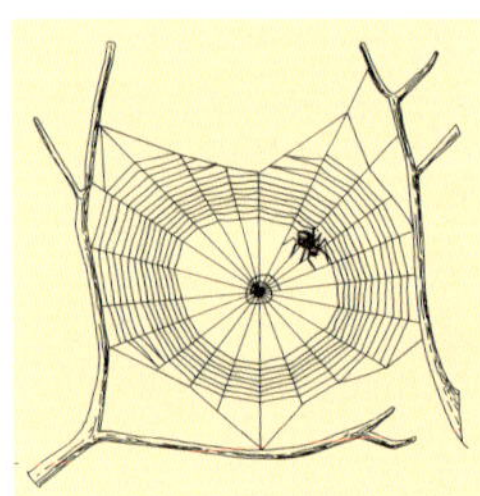

Au fur et à mesure qu'elle fait la grande spirale, elle y dépose des petites gouttelettes qui vont la rendre collante.

Le piège est terminé, l'araignée se place au centre ou dans une cachette sur le bord pour attendre ses proies.

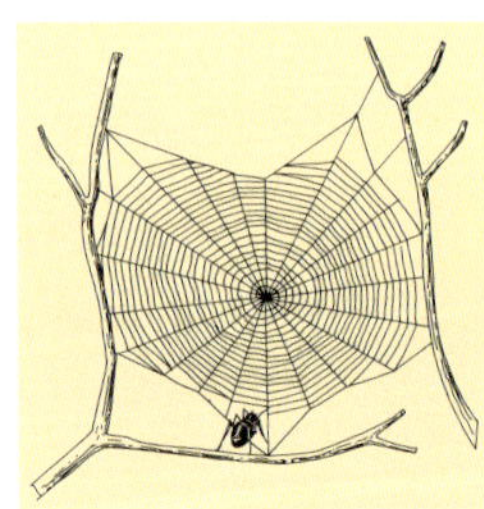

Patience ! Un insecte ne devrait pas tarder à se prendre au piège...

Techniques de chasse

Toutes les araignées ne font pas des toiles pour capturer des insectes et se nourrir. Elles utilisent bien d'autres techniques de chasse.

Spécialistes de la chasse à l'affût, les thomises se placent sur une fleur et restent parfaitement immobiles, changeant même de couleur pour mieux se confondre. Quand un insecte se pose, elles s'emparent de lui avec leurs deux pattes avant beaucoup plus grandes (d'où leur nom d'araignées-crabes).

La très bonne vue des saltiques leur permet de chasser en plein jour. Avec leurs deux paires d'yeux latéraux, elles voient tout autour d'elles. Ces redoutables chasseuses se déplacent aussi très vite et sautent sur leurs proies en faisant des bonds étonnants.

Beaucoup d'espèces, comme la micromatte verte, chassent en se déplaçant dans la végétation, la nuit. La journée, elles restent cachées dans leur abri de soie.

Relève les toiles d'araignées

- **un vaporisateur**

Les toiles d'araignées sont plus faciles admirer dans la rosée du matin. Pour remplacer la rosée, pulvérise de l'eau sur la toile à l'aide d'un vaporisateur. Tu pourras ainsi mieux admirer sa structure.

Lézards et serpents

Les lézards et les serpents aiment le bocage et les coteaux. Ils y trouvent des zones de chasse et de nombreux abris dans les haies, les talus et les murets de pierre.

Lézard vert

Lézard des murailles

Les lézards

Le lézard vert peut atteindre 45 cm. Il est très commun au bord des chemins, et se sauve bruyamment à l'approche d'un danger. Le mâle a le dessous du cou et les joues bleu vif. Le lézard des murailles est plus petit (20 à 25 cm) et sa couleur brun-roux tacheté et rouge est très variable. Le lézard des souches lui ressemble, mais le mâle a les flancs verts.

L'orvet est un cas à part. Il n'a pas de pattes, mais c'est pourtant un lézard. Il est brun-rouge, avec chez la femelle une bande noire sur le flanc. Comme tous les lézards il peut perdre le bout de sa queue pour s'échapper de sorte qu'on l'appelle aussi serpent de verre.

Vipère

Couleuvre

Vipère ou couleuvre ?

La vipère a le museau retroussé et la pupille verticale. Les couleuvres ont le museau arrondi et la pupille ronde.

Les vipères

Les vipères sont les seuls serpents dangereux en France car elles ont du venin qu'elles peuvent injecter par morsure. Elles n'attaquent pas spontanément, mais peuvent mordre pour se défendre. Le mieux est de les éviter ou bien de se tenir à distance en attendant qu'elles partent d'elles-mêmes.

Des serpents dans les arbres

La couleuvre verte et jaune et la couleuvre d'Esculape ont beaucoup de points communs. Elles peuvent mesurer jusqu'à 2 m de long et sont d'excellentes grimpeuses. Elles montent dans les arbres en s'enroulant aux branches pour dévorer les oisillons au nid. Elles aiment les paysages mélangés, avec des parties dénudées, des pierres, des broussailles et des arbres.

La vipère aspic a la tête triangulaire, un nez retroussé et un corps brun-rouge taché de noir avec une ligne en zigzag sur le dos. Elle aime les coteaux secs. Et se régale de petits mammifères (mulots, campagnols, musaraignes) ou d'oiseaux et de lézards.

La coronelle lisse ne fait que 70 cm de long et ressemble un peu à la vipère avec sa couleur brun-rouge et ses taches noires. Si tu la vois d'assez près, tu remarqueras un bandeau noir devant et derrière l'œil et une tache noire sur la nuque.

Les couleuvres

En cas de danger, ssshhhttt... les couleuvres soufflent et se redressent pour intimider leur adversaire. En réalité, elles sont inoffensives car elles n'ont pas de crochet à venin. Mais cela ne les empêche pas de capturer de petits animaux. Elles les étouffent en les serrant dans leurs anneaux puissants puis les avalent.

Couleuvre verte et jaune

Campagnol des champs

Petits habitants du sous-sol

En passant dans une prairie, tu verras souvent de petites galeries et des taupinières. À qui appartiennent-elles ?

Campagnol terrestre

Le plus petit des campagnols

Le campagnol des champs pèse au maximum 40 g et mesure environ 15 cm de long. Il n'est pas aussi habile pour creuser que la taupe ou que son cousin le campagnol terrestre. Sous la neige ou dans les herbes, il creuse des chemins en surface. En les suivant, il retrouve très vite son terrier en cas de danger. Il est la principale proie du faucon crécerelle.

Ni rat, ni taupe

Bien que le campagnol terrestre ne soit ni un rat ni une taupe, il porte le nom populaire de « rat taupier » car, comme la taupe, il creuse des galeries et fait des monticules de terre.

Le plus gros des campagnols

Le campagnol terrestre pèse de 80 à 150 g et mesure plus de 20 cm de long. Il se nourrit de racines et d'herbes, commettant de gros dégâts dans les prés. Dans certaines prairies, il peut atteindre une densité de 1 500 individus par hectare. Une vraie catastrophe pour les paysans car il n'y a plus d'herbe pour les vaches.

La taupinière de campagnol terrestre est aplatie, faite de terre fine et émiettée car il creuse avec ses dents. La cheminée de sortie est en biais.

La taupe fait de gros paquets de terre en boudins en creusant avec ses pattes. Sa taupinière est haute, de forme conique. La cheminée est verticale.

À qui la taupinière ?

La taupe et le campagnol terrestre ont en commun de creuser des galeries souterraines. Mais il ne suffit pas d'enlever de la terre, il faut ensuite la mettre quelque part. D'où les monticules que l'on appelle taupinières, en surface des prairies. Plus il y en a, plus les galeries qui se trouvent dessous sont longues.

Taupe

La reine des galeries

La taupe pèse de 70 à 120 g et mesure au maximum 20 cm de long. Elle est presque aveugle, mais elle creuse remarquablement vite et bien grâce à ses grosses pattes avant munies de griffes puissantes. Elle se nourrit principalement de vers de terre et de larves d'insectes.

Prédateurs et proies

Si les prédateurs n'existaient pas, les prairies seraient envahies de campagnols et de lapins. Chaque petit carnivore a sa proie préférée.

Belette

Hermine

Campagnol terrestre

Le campagnol terrestre et l'hermine

Le campagnol terrestre, également appelé rat taupier, est deux fois plus gros qu'un campagnol des champs, et presque autant qu'une belette. Son prédateur principal est l'hermine, dont la taille est d'environ 35 cm et le poids de 150 à 430 g. L'hermine ne peut pas rentrer dans un terrier de campagnol des champs, mais elle circule aisément dans celui du rat taupier.

Le lapin et le putois

Avec le lapin et le putois, une fois de plus, la taille du prédateur et de la proie sont en proportion. Le putois, qui mesure 45 cm de long et pèse jusqu'à 1,5 kg, ne peut entrer que dans de grandes galeries, en l'occurrence celles du lapin, qu'il va débusquer au fond de son gîte.

Lapin

Le campagnol des champs et la belette

La belette est le plus petit carnivore d'Europe. Elle mesure 25 cm de long et pèse moins de 170 g. Elle est spécialisée dans la capture de petites proies, dont la principale est le campagnol des champs. Grâce à sa minceur et sa forme allongée la belette entre dans les galeries des rongeurs où elle les poursuit.

Utile, le putois

En plus des lapins, le putois s'attaque régulièrement au surmulot, ou rat d'égout, qui peut transmettre à l'homme certaines maladies. Les putois s'installent et se développent autour des colonies de rats d'égout. On les trouve, par exemple, près des décharges. En limitant l'augmentation des rats, le putois nous rend un service appréciable, dont nous devrions lui être reconnaissant en le protégeant.

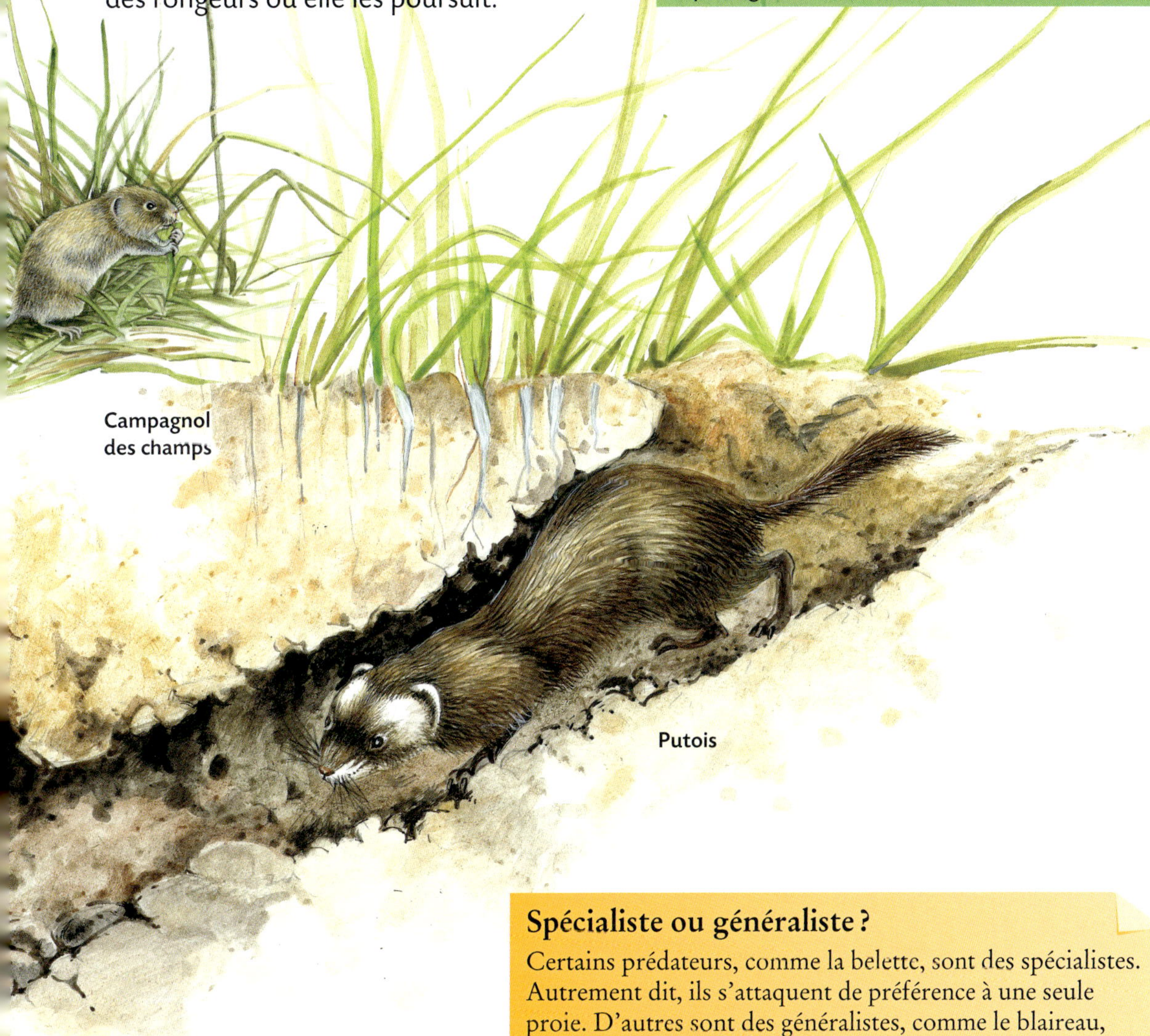

Spécialiste ou généraliste ?

Certains prédateurs, comme la belette, sont des spécialistes. Autrement dit, ils s'attaquent de préférence à une seule proie. D'autres sont des généralistes, comme le blaireau, qui se nourrissent d'aliments très divers, aussi bien de petits animaux que de végétaux. Bien entendu, le spécialiste dépend beaucoup plus de sa proie, car il ne peut pas, comme le généraliste, changer rapidement de nourriture.

Savoir observer patiemment et attentivement offre parfois de jolies surprises...

Découvre les indices du chemin

Dans la campagne, il y a de nombreux chemins de terre. En les suivant et en regardant attentivement le sol et les alentours, tu découvriras des indices précieux sur les animaux qui vivent là.

En suivant la coulée

Les animaux ont leurs habitudes : ils passent régulièrement aux mêmes endroits, de sorte que de petits sentiers, les coulées, finissent pas se dessiner. En les suivant, tu finiras sûrement par trouver un terrier et tu connaîtras les lieux de passage des animaux. Tu pourras ainsi choisir les emplacements où te poster pour les observer sans te faire repérer.

Un chemin dans la rosée

Pour pister les animaux, il faut être malin. Au petit matin, il y a souvent de la rosée. Quand un animal est passé dans une prairie, il a couché l'herbe et fait tomber les gouttes de rosée. Au milieu des herbes humides et brillantes, tu verras alors se détacher une ligne foncée, qui est le « chemin » qu'a emprunté l'animal. Pour connaître sa direction, il suffit de regarder le sens des herbes couchées.

À qui la trace ?

Les mammifères sont toujours plus difficiles à observer que les oiseaux. Heureusement, ils laissent des empreintes et des crottes sur le chemin. À toi de les reconnaître grâce à leur forme et leurs dimensions.

Hérisson

Pattes
2,5 x 3 cm

Crotte
9 mm de diamètre
3 à 5 cm de long

Putois

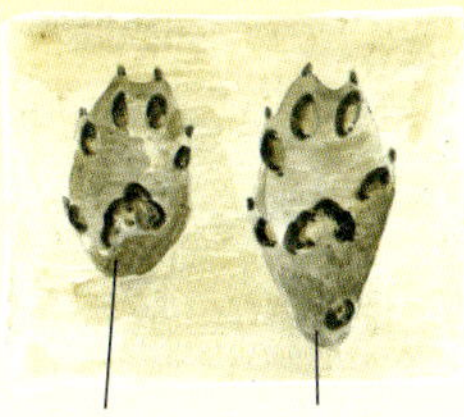

Patte avant
3 x 3,5 cm

Patte arrière
2,5 x 4 cm

Crotte
9 mm de diamètre
6 à 8 cm de long

Hermine

Patte avant
2,5 x 1,5 cm

Patte arrière
1,5 x 3,5 cm

Crotte
5 mm de diamètre
3 à 6 cm de long

Renard

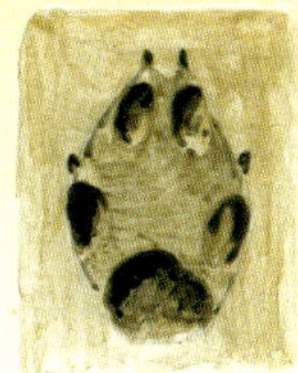

Pattes
4 à 4,5 x 5 cm

Crotte
2 cm de diamètre
8 à 10 cm de long

Moule des empreintes

- **une boîte de conserve**
- **un petit sac de plâtre à prise rapide**
- **une bande de carton de 30 cm de long**
- **un gros trombone**
- **une gourde d'eau**

1. Enroule la bande de carton autour d'une empreinte, enfonce-la un peu dans la terre et fixe-la avec le trombone.

2. Dans la boîte de conserve, mélange l'eau et le plâtre. Il doit être épais mais pas trop ; il doit pouvoir couler.

3. Verse doucement le plâtre mou sur le bord du cercle pour qu'il remplisse la trace sans la déformer. 3 cm d'épaisseur suffisent.

4. Lorsque le plâtre est sec, laisse reposer 12 h. Ôte le carton et nettoie ton moulage à l'eau. Tu as maintenant un moulage de l'empreinte en relief : c'est une contre-empreinte.

En creux

Si tu veux une empreinte en creux, refais la même opération, en prenant soin de recouvrir la contre-empreinte avec

Le lapin et le lièvre

À les voir, on dirait deux frères. En réalité, le lièvre et le lapin sont très différents. L'un est solitaire et aime la vie au grand air, l'autre a une nombreuse famille dans des terriers.

Des mœurs très différentes

Les lapins vivent en groupes et creusent des galeries regroupées dans des secteurs appelés garennes. Le lièvre vit en solitaire. Il se déplace beaucoup plus que le lapin et ne fait pas de terrier. Ses levrauts naissent dans un sillon, derrière une touffe d'herbe ou sous un buisson, à l'air libre.

Carte d'identité

Nom commun : **lapin de garenne**
Nom savant : *Oryctolagus cuniculus*
Ordre : lagomorphes
Famille : léporidés
Taille : 38 à 54 cm, dont 4 à 8 cm pour la queue
Poids : 1 à 2 kg
Description : fourrure brun-gris, ventre et dessous de la queue blancs, oreilles plus petites que la tête
Reproduction : 3 à 5 portées de 3 à 7 petits par an

Bon appétit !

Pour trouver des bactéries et des protéines indispensables à sa santé, le lapin mange ses propres crottes. Cela s'appelle la caecotrophie.

Crottes de lapin

Crottes de lièvre

Histoire de crottes

Les crottes de lapin et de lièvre ont un air de famille car elles sont rondes et pleines de fibres végétales. La différence est dans la taille : moins de 1 cm de diamètre pour le lapin, de 1 à 2 cm pour le lièvre. Le lapin a l'habitude de déposer ses crottes en tas, tandis que celles du lièvre sont dispersées de loin en loin au cours de ses déplacements.

Carte d'identité

Nom commun : **lièvre d'Europe**

Nom savant : *Lepus capensis*
Ordre : lagomorphes
Famille : léporidés
Taille : 50 à 73 cm, dont 7 à 11 cm pour la queue
Poids : 3 à 5 kg
Description : fourrure brun-gris orangé, oreilles au bout noir, plus longues que la tête
Reproduction : 2 à 4 portées de 3 à 5 petits par an

Le bouquinage

Quand il bouquine, le lièvre n'est pas en train de lire calmement. Il est au contraire très énervé car c'est le moment de la reproduction. Les mâles se dressent sur leurs pattes arrière et se poussent avec leurs pattes avant. On dirait qu'ils boxent à la manière des kangourous.

Le lièvre a des grandes oreilles...

Drôles d'empreintes

Quand on regarde une trace de lapin ou de lièvre dans la boue ou la neige, il faut savoir que les pattes arrière, plus grosses, sont placées devant. Pourquoi cette bizarrerie ? En fait, comme ils se déplacent en bondissant, le lièvre et le lapin posent d'abord les pattes avant, puis les pattes arrière, dont les empreintes passent nettement devant et sur le côté. L'ensemble de la trace forme presque un Y.

... celles du lapin sont plus petites.

Les rapaces nocturnes

Les rapaces nocturnes nichent dans les arbres mais chassent souvent dans les prairies. Ainsi, les haies et les vergers sont des lieux parfaits pour eux.

Quelle souplesse !

Les rapaces nocturnes ont les yeux fixes, ils doivent donc tourner la tête pour regarder sur les côtés. Heureusement, leur cou est très souple, et ils peuvent même faire un demi-tour complet pour regarder derrière eux.

La vue perçante du hibou moyen duc lui permet de chasser dans la nuit noire.

Chasseurs silencieux à l'ouïe fine

Les plumes des rapaces nocturnes sont duveteuses. Le bord avant des grandes plumes des ailes est muni de petites dents. Cela atténue le bruit de leur corps quand ils fendent l'air pour surprendre leurs proies. Pour repérer celles-ci, ils ont de grandes oreilles, invisibles sous les plumes. Leur face ronde avec un masque de plumes sert de réflecteur pour capter le moindre bruit fait par un mulot dans les feuilles.

Les plumes des rapaces nocturnes sont très douces au toucher.

Les petites dents situées sur le bord externe de la plume suppriment le bruit.

Chouette ou hibou ?

Pour savoir si tu as affaire à un hibou ou à une chouette, regarde le dessus de la tête de l'oiseau. Seuls les hiboux sont équipés de deux touffes de plumes appelées aigrettes, plus ou moins grandes selon les espèces, et plus ou moins dressées selon les moments. Ces aigrettes n'ont rien à voir avec des oreilles.

Un logement pour la chevêche

Avec la disparition des arbres creux, la chouette chevêche souffre d'une grave crise du logement. Les ornithologues lui viennent en aide en lui installant des nichoirs, qui ont souvent une forme très particulière, tout spécialement adaptée à sa petite taille.

La chouette chevêche porte aussi le nom de chevêche d'Athéna, car elle était le symbole de cette déesse grecque. Elle mesure 26 cm de long et 50 cm d'envergure. Elle niche dans les arbres creux et les trous de mur. Facilement visible la journée, elle est souvent perchée sur les poteaux. Elle se nourrit de petits animaux : insectes, batraciens, oiseaux et lézards.

Rester ou partir

La chouette chevêche et le hibou moyen duc sont sédentaires car ils peuvent trouver de la nourriture toute l'année. Le hibou petit duc, lui, est migrateur, car les insectes dont il se nourrit sont absents en hiver.

Comme tous les rapaces nocturnes, la chouette chevêche peut regarder derrière elle en tournant la tête.

Ce hibou minuscule a la même taille que la chevêche d'Athéna. Il fait un nid dans les arbres et capture en majorité des insectes.

Quand les rapaces cohabitent

En une journée, tu peux voir assez facilement cinq ou six espèces de rapaces en faisant seulement deux ou trois kilomètres à pied sur les chemins du bocage. Comment les repérer et les reconnaître ?

En bonne harmonie

Comment plusieurs espèces de rapaces peuvent-elles cohabiter sur un même domaine ? Tout simplement en ayant des techniques de chasse différentes, qui leur évitent d'être en concurrence directe. Bien observer le comportement d'un rapace t'aidera à l'identifier.

Pour aider les rapaces

Dans les très grands champs, les rapaces manquent d'arbres ou de clôtures pour se poster à l'affût ou se reposer. Tu peux les aider en plantant des piquets, après avoir demandé l'autorisation au propriétaire.

Où et quand les observer

À l'exception du busard cendré, qui niche à terre, tous ces rapaces font leur nid avec un tas de branchettes placé en haut des arbres. Ceux que tu pourras observer toute l'année sont la buse variable, le faucon crécerelle et l'épervier. Les autres sont des migrateurs. Pour bien les voir, il suffit de se cacher au beau milieu des arbres de la haie et d'attendre patiemment.

Épervier d'Europe

Un nichoir pour les crécerelles

Dans certaines régions, pour aider le crécerelle, les hommes ont construit des nichoirs en plein milieu des grands champs. Il s'agit d'une petite cabane en pierres pleine de trous et placée en hauteur.

Les rapaces vus de dessous

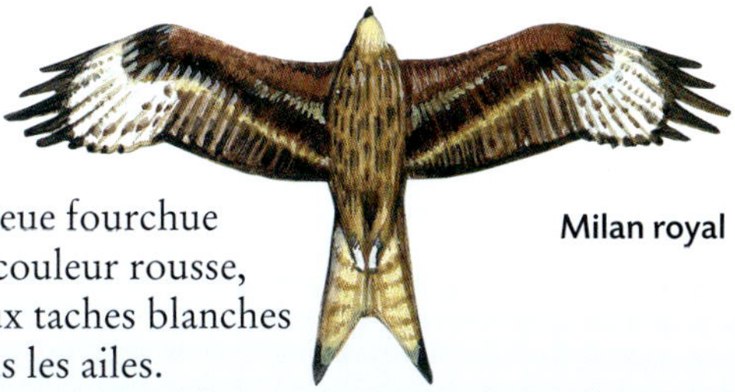

Milan royal

Queue fourchue de couleur rousse, deux taches blanches sous les ailes.

Milan noir

Couleur sombre, queue légèrement fourchue.

Buse variable

Couleur changeante, ailes et queue arrondies. Silhouette massive, bandes grises sur la queue, bord et bout des ailes plus foncés.

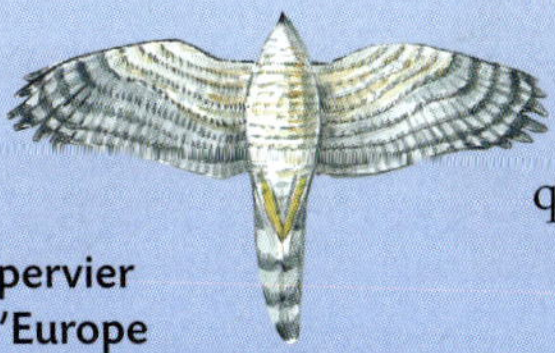

Épervier d'Europe

Ailes larges et courtes, longue queue au bout carré avec des barres plus sombres.

Faucon crécerelle

Petite taille, ailes pointues, dessous gris-beige piqueté de noir, queue fine barrée de noir à l'extrémité.

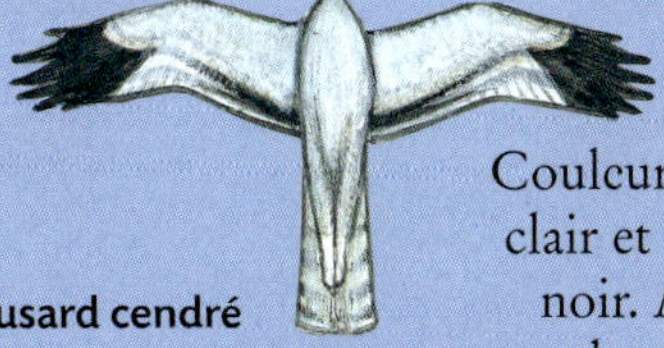

Busard cendré mâle

Couleur générale gris clair et bout des ailes noir. Ailes longues, queue longue et étroite.

Mystérieuses pelotes

Grâce aux pelotes de réjection, tu peux connaître les rapaces et les petits mammifères qui vivent près de chez toi. Et avoir de nombreuses indications sur eux sans avoir besoin de les voir.

Que d'os, dans cette pelote de chouette effraie !

Indigeste !

Les oiseaux avalent leurs proies toutes entières au lieu de les mâcher comme les mammifères. Après que les graisses et les chairs ont été digérées par les sucs digestifs, le gésier forme une petite boule qui contient tout ce qui n'est pas digestible : poils, os, plumes, élytres d'insectes. La pelote de réjection est cette boule que les oiseaux rejettent par le bec.

Merci les pelotes !

C'est en grande partie grâce aux pelotes de réjection que les rapaces ont pu être protégés légalement. En analysant leur contenu, les scientifiques ont pu prouver que les rapaces consommaient avant tout des petits rongeurs et qu'ils étaient utiles à l'agriculture. À elle seule, une famille de chouettes consomme chaque jour plus de 10 petits rongeurs !

Chouette effraie

3,5 à 8 cm de long
2,5 à 3,5 cm de large

Chouette hulotte

4 à 6 cm de long
2 à 3 cm de large

Chouette chevêche

2 à 5 cm de long
1 à 1,5 cm de large
Contient beaucoup d'élytres d'insectes.

Hibou moyen duc

4 à 7 cm de long
2 à 3 cm de large

Buse variable

5 à 7 cm de long
2 à 3 cm de large
Constituée de poils très serrés.

Faucon crécerelle

3 à 3,5 cm de long
1 à 1,5 cm de large

Analyse le contenu d'une pelote

Les petits os sont très difficiles à identifier, mais si la pelote contient des crânes, tu pourras savoir à quel type d'animal ils appartiennent (rongeur, insectivore, oiseau).

- **une paire de gants en latex**
- **une pince à épiler**
- **un bocal**
- **de l'eau de Javel**
- **du papier buvard**
- **une loupe**
- **des boîtes de rangement**

1. Prends la pelote en évitant de la toucher directement avec les doigts. Si elle est trop dure, commence par la faire tremper un peu dans l'eau. Décortique-la en étalant les restes d'animaux qu'elle contient.

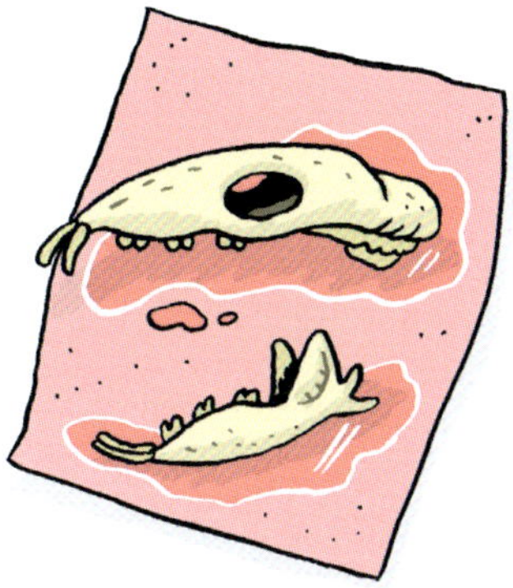

2. Trempe ces morceaux dans de l'eau javellisée et laisse-les sécher sur un buvard.

3. Range-les ensuite dans des boîtes avec une étiquette d'identification, en n'oubliant pas de noter la date, le lieu, ainsi que le nom du rapace qui a rejeté la pelote.

Dénicher les pelotes ?

Voici quelques endroits où tu pourras trouver des pelotes de réjection : sur le plancher des greniers pour la chouette effraie, en dessous du nid pour le hibou moyen duc, au pied des piquets de clôture où ils se posent pour le faucon crécerelle et la buse variable, au pied de l'arbre creux où elles nichent pour la chouette chevêche et la chouette hulotte.

Riches d'indices

Les pelotes les plus intéressantes sont celles des rapaces nocturnes car leurs sucs digestifs sont moins puissants que ceux des rapaces diurnes, et les restes sont mieux conservés. D'autres oiseaux font également des pelotes : la corneille, le héron, la cigogne, la mouette, le goéland, le cincle plongeur, etc. Les goélands, qui se nourrissent dans les décharges, font des pelotes dont le contenu est parfois étonnant.

Discrétion et patience permettent de croiser des biches, parmi les majestueux habitants de la forêt.

Dans

la forêt

La principale différence entre la forêt et les autres milieux, c'est la densité de végétation. Ici, tout est plus touffu, et la vue ne porte pas très loin. Il faut être très attentif et savoir observer dans le détail, pas à pas.

Les âges de la forêt

Qu'elle soit naturelle ou exploitée, la forêt évolue selon son âge et possède des niveaux différents.

Les niveaux de la forêt

Il y a quatre niveaux dans une forêt. Le premier niveau est celui du sous-sol, qui contient les racines. Le deuxième, au-dessus du sol, comprend les herbes, les fleurs, les fougères et les champignons. Le troisième niveau est celui des buissons, des arbustes tels que le noisetier, le houx, le genévrier, et des jeunes arbres en train de grandir. Le quatrième niveau est celui des grands arbres arrivés à maturité, au tronc épais et au houppier large et haut.

Les plus vieux

Certains arbres peuvent vivre plusieurs centaines d'années, voire plusieurs milliers. En France, les plus vieux sont des chênes qui atteignent 2 100 et 2 500 ans. Viennent ensuite des oliviers, dont les plus vieux ont 2 000 ans, puis des ifs et des tilleuls, âgés de 1 200 à 1 500 ans.

Dans chaque forêt, on peut repérer les différents niveaux.

À l'intérieur de l'arbre

Chaque année, l'arbre grandit et s'épaissit en formant un nouveau cercle de croissance. En observant la coupe d'un tronc, tu pourras compter les différents cercles et connaître l'âge de l'arbre. Tu verras les différentes parties qui le composent : le duramen (cœur mort) ; l'aubier (partie vivante par où monte la sève) ; le cambium, qui fabrique les cellules ; le liber, par où descend la sève ; l'écorce, qui habille le tronc.

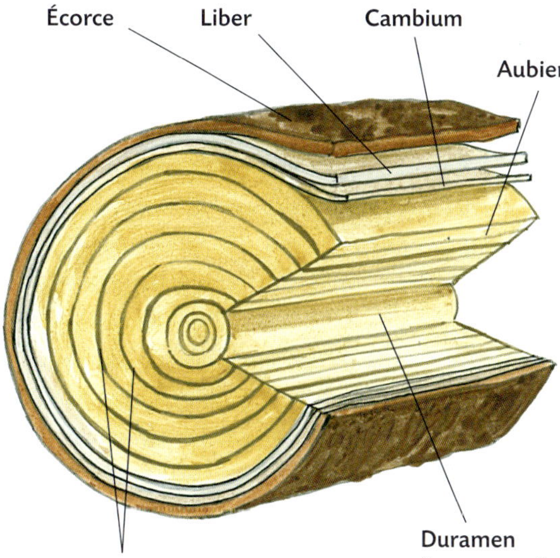

L'évolution de la forêt naturelle

Si on laisse vivre une forêt sans jamais intervenir, celle-ci va connaître différentes phases et effectuer un cycle complet en 170 ans : naissance, mort et renaissance.

1. Les arbres sont jeunes et presque tous de la même taille.

2. Les tailles varient mais la majorité des arbres sont de taille moyenne.

3. La forêt est dense, avec de grands arbres freinant la pousse naturelle.

4. Les vieux arbres meurent et tombent. La forêt se désagrège, des espaces ouverts se dégagent, permettant des repousses.

5. La forêt redémarre comme 170 ans auparavant.

Arbres et arbustes

Il y a des centaines d'espèces d'arbres, mais quelques-unes sont très répandues. Pour les reconnaître, regarde attentivement leurs feuilles et leurs fruits.

Pas bons, les marrons

Le marronnier d'Inde possède des feuilles en étoile, avec cinq à sept grandes folioles dentées. Ses fruits, les marrons, sont le plus souvent seuls, dans une bogue moins épineuse que celle du châtaignier. Inutile d'essayer de les manger, ils ne sont pas comestibles. Tous les délices aux marrons que tu aimes tant sont en fait préparés avec des châtaignes !

Charme

Les feuilles du charme ressemblent à celles du hêtre, mais leur bord est denté.

Hêtre

Contrairement au chêne, le hêtre possède une écorce lisse. Ses feuilles sont ovales avec un bout pointu, leur bord est ondulé mais pas denté. Les fruits du hêtre, appelés « faines », sont contenus dans une capsule rigide.

Chêne rouvre

Chêne pédonculé

Le chêne le plus courant est le chêne pédonculé. Ses feuilles ont un bord découpé et des lobes arrondis. Ses glands sont au bout d'un long pédoncule. Le chêne rouvre ressemble au chêne pédonculé, mais ses glands sont attachés directement à la branche.

Châtaignier

Les feuilles du châtaignier sont longues et pointues. Leur bord est nettement denté. Tu reconnaîtras facilement les châtaignes, regroupées par deux ou trois dans une enveloppe recouverte de piquants, appelée « bogue ».

Fabrique un calque d'écorce

Chaque espèce d'arbre a sa propre écorce, plus ou moins lisse ou crevassée. En faisant ta collection de calques, tu pourras mémoriser leur aspect et les reconnaître quand tu te baladeras en forêt.

- **une feuille de papier blanc assez épais**
- **une craie ou un gros crayon gras**

1. Choisis des feuilles de papier de format A4 pas trop épaisses pour qu'elles épousent la forme de l'écorce. Punaise la feuille dans une partie propre du tronc et aplatis-la bien.

2. Frotte avec une craie ou un gros crayon gras en appuyant légèrement : les parties en creux restent blanches tandis que celles en relief sont colorées.

3. Réalise un album en indiquant le nom de l'arbre et en collant une de ses feuilles et son calque.

Quelques arbustes

Les arbustes les plus communs dans les forêts de feuillus et les clairières sont le noisetier, le houx, le sorbier des oiseleurs, le cornouiller sanguin et le sureau noir. Tous portent des fruits très appréciés par les animaux sauvages.

Sureau noir

Noisetier

Cornouiller sanguin

Houx

Sorbier des oiseleurs

Attention, fragile !

Tu as peut-être déjà eu envie de graver ton nom sur l'écorce d'un arbre. N'en fais rien, tu le blesserais.

Paysage caractéristique du maquis corse.

La forêt du Midi

Le climat chaud et sec du Midi est à l'origine d'une forêt particulière qui abrite des animaux rares.

Garrigue et maquis

La garrigue et le maquis ne sont pas vraiment des forêts. Ces végétations remplacent la forêt méditerranéenne lorsque celle-ci est détruite par les incendies ou par l'action de l'homme. La garrigue se développe sur les sols calcaires. Les arbres sont principalement le chêne kermès, qui dépasse rarement 3 m de haut. Les chênes verts sont clairsemés et la végétation au sol est peu dense. C'est là que poussent les herbes aromatiques, telles que le thym et le romarin. Le maquis, lui, s'installe sur des terrains siliceux. Il est plus épais et plus boisé, avec de la bruyère et des arbustes (arbousiers, laurier-rose). Les arbres sont des chênes verts et des chênes-lièges plus en hauteur.

Au printemps, les sous-bois du Midi se couvrent de buissons multicolores.

Du chêne au bouchon

Le chêne-liège possède une écorce épaisse, plus souple que celle des autres arbres, et qui s'enlève très facilement. Elle repousse en une douzaine d'années. C'est de cette écorce que l'on tire le liège, avec lequel on fabrique de nombreux objets, dont les fameux bouchons.

Les pins du Midi

Le Midi est le paradis de trois espèces de pins, qui peuvent dépasser 20 m de haut. À la différence des autres chênes, qui perdent leurs feuilles en hiver, ces chênes gardent les leurs toute l'année. On dit qu'ils ont un feuillage persistant. Pour pouvoir résister à la chaleur, les feuilles sont petites, épaisses et luisantes.

Pas de feu

La plupart des incendies de forêt qui ravagent le Sud de l'Europe sont dus à des imprudences (cigarette jetée non éteinte, tesson de bouteille qui fait loupe, et feu de pique-nique). Dans le Midi, évite absolument de faire du feu en forêt et incite les adultes qui t'entourent à être très prudents. La forêt méditerranéenne brûle si souvent qu'elle n'arrive même pas à se reconstituer.

Le pin maritime présente une couronne claire et étalée.

Celle du pin d'Alep est plus dense et en forme de pyramide irrégulière.

Le pin parasol doit son nom au fait que sa couronne prend la forme d'un... parasol !

Tortue d'Hermann

L'adorable musaraigne étrusque

Fragiles

Dans les forêts de pierre sèche, vit le plus petit mammifère du monde : la musaraigne étrusque. Elle mesure de 6 à 10 cm de long, et ne pèse que 1 à 2 g. Son cœur bat au rythme de 1 500 battements par minute et elle dépense une énergie considérable, ce qui l'oblige à se nourrir en permanence. Le maquis corse et une petite région du Midi abritent la tortue d'Hermann ou des Maures. Déjà menacée par le braconnage, elle est devenue encore plus rare à cause des incendies. Trop lente pour fuir les flammes, elle ne construit pas non plus de terrier où se réfugier.

Belles des bois

La plupart des fleurs des bois que tu verras se trouvent en bordure des chemins forestiers ou dans les clairières. Quelques-unes poussent tout de même à l'ombre, ou s'empressent de sortir avant les feuilles des arbres.

Scille à deux feuilles

Les premières

À la fin de l'hiver et au début du printemps, les feuilles des arbres n'ont pas encore repoussé et la lumière atteint le sol. Plusieurs fleurs en profitent pour sortir, souvent en tapis : l'anémone sylvie, le perce-neige, la primevère et la scille à deux feuilles.

Anémone sylvie

Digitale pourpre

Perce-neige

Les colonisatrices

Après les coupes de bois qui dégagent de grandes surfaces, deux grandes et belles fleurs s'installent en colonies nombreuses. La digitale pourpre et l'épilobe en épi qui forme de grands tapis roses et dont les fleurs délicates s'échelonnent tout au long de la tige.

Une fleur au service de l'archéologie

La pervenche, qui pousse dans les bois, a de belles fleurs violettes et des feuilles épaisses et luisantes. Autrefois, on la plantait à côté des maisons car elle guérissait les maladies de la peau. Depuis, les habitations sont tombées en ruine et les bois ont repris le dessus, mais la pervenche pousse toujours. C'est souvent grâce à elle que les archéologues repèrent les cabanes du Moyen Âge.

Doronic d'Autriche

Dans la clairière

Comme tu le sais, les fleurs aiment la lumière. Parmi les fleurs forestières, beaucoup poussent dans les clairières ou sur les bords des chemins. Une des premières que tu verras est le compagnon rouge, avec ses fleurs à cinq pétales et sa tige velue. Le doronic d'Autriche possède de grandes fleurs qui font penser à des marguerites jaunes.

Compagnon rouge

Dans le sous-bois

Privées de lumière, les fleurs des sous-bois sont souvent de petite taille, ce qui ne les empêche pas d'être très belles. La pulmonaire, qui doit son nom au fait qu'elle soignait jadis les maladies des poumons, a des clochettes qui passent par le rose clair, le mauve et le bleu. Ses feuilles sont poilues et tachées de beige. L'érythrone dent-de-chien pousse au milieu des tapis de feuilles mortes. Sa fleur rose a des pétales recourbés qui laissent bien voir le pistil et les étamines. Ses grandes feuilles vertes sont marbrées de marron.

Érythrone dent-de-chien

Branches recouvertes de mousses et de lichens.

Étranges végétaux

Végétaux mi-champignon, mi-algue, sans racines ou qui se reproduisent de manière particulière… Découvre les trois espèces très spéciales abritées par les forêts.

Les lichens

Les lichens sont le résultat d'une association entre une algue et un champignon. Grâce à sa chlorophylle, l'algue fabrique de la sève pour le champignon, qui, en échange, lui procure de l'eau et des sels minéraux. L'identification des lichens est une affaire de spécialistes. Tu peux cependant distinguer les lichens « chevelus » qui pendent aux branches, les lichens plats, avec des sortes de feuilles, et les lichens ras très colorés qui habillent les troncs et les pierres.

Lichen plat

Il existe de très nombreuses espèces de mousses.

Les mousses

Les mousses sont des plantes rampantes dépourvues de racines. Elles sont considérées comme les plus anciens végétaux de la terre. Dans le monde végétal, elles se trouvent à mi-chemin entre les lichens et les plantes à racines. Elles sont très présentes dans les bois, au sol, sur les souches ou les troncs, car elles aiment beaucoup l'ombre et l'humidité. Certaines mousses peuvent rester desséchées pendant plus de dix ans et revivre quand elles retrouvent de l'eau. Ce sont de véritables éponges, qui stockent l'eau, et la restituent lorsqu'il fait sec.

Ces fougères forment comme un rideau de verdure.

Les prêles aussi

Les prêles, que l'on voit souvent au bord des étangs, font partie des fougères. Au lieu d'être sous les feuilles, les spores se trouvent dans l'épi au sommet de la tige.

Les fougères

Les fougères sont des plantes des bois qui font généralement moins de 2 m de haut. Elles se caractérisent souvent par des grandes feuilles très découpées. À leur sortie de terre, les feuilles sont enroulées sur elles-mêmes en forme de crosse et se déroulent en grandissant.

Le baromètre de la pollution

Les lichens sont très sensibles à la pollution de l'air. Dans certaines régions, les espèces les plus sensibles ont disparu. Les scientifiques utilisent les lichens pour évaluer l'importance de la pollution. Leur présence et leur état de santé sont de précieux indicateurs.

Une reproduction à part

Les fougères n'ont ni fleurs, ni pistil, ni étamines, ni graines. Elles se reproduisent à l'aide de spores, des petites cellules que tu peux voir groupées sur la face inférieure des feuilles. En tombant, les spores germent et donnent des minuscules lentilles vertes, appelées prothalles, qui contiennent des cellules mâles et des cellules femelles. Les cellules mâles peuvent se déplacer dans l'eau et sont attirées par les cellules femelles. La rencontre donne lieu à la fusion de deux cellules en une seule, qui va aussitôt se diviser pour former une nouvelle fougère.

Des plantes astucieuses

Pour disperser leurs graines, les plantes ont inventé des astuces incroyables et se font parfois aider par des animaux.

Le gui et la grive draine

Les fruits du gui contiennent une graine entourée de colle, avec laquelle on fabriquait la glu. La grive draine raffole de ces boules, mais elle ne peut pas digérer les graines car elles sont trop dures. Celles-ci se retrouvent alors dans les fientes de l'oiseau. Fientes et graines se collent aux branches ; les graines y prenant racine pour donner naissance à de nouvelles boules de gui.

La grive draine contribue à la dissémination du gui.

Le geai des chênes porte bien son nom car il se nourrit essentiellement de glands.

Provisions oubliées

Certaines plantes donnent des graines que les animaux enterrent afin de faire des provisions pour l'hiver. C'est le cas des noisettes, très prisées par l'écureuil, des graines de pin cembro, qui nourrissent le casse-noix moucheté, et des glands, qu'adore le geai des chênes. Toutes les cachettes ne sont pas retrouvées, de sorte qu'une partie des graines va pouvoir germer. La dispersion est assurée !

Toi aussi

En te promenant, tu contribues sans le savoir à la dispersion des plantes. Beaucoup d'entre elles produisent des graines qui peuvent s'accrocher à tes vêtements.

Les graines volantes

Si toutes les graines d'un arbre tombaient à son pied, la forêt ne pourrait pas s'étendre. Pour remédier à cet inconvénient, certains arbres possèdent des graines entourées d'une membrane sèche, qu'on appelle aile. Les graines peuvent donc s'envoler...

Les graines de l'orme sont entourées d'une aile circulaire échancrée à l'extrémité.

Le tilleul n'a qu'une aile, collée à une tige qui porte plusieurs graines.

Les graines des érables vont par paire et sont pourvues de deux ailes de grande taille.

Système explosif

L'impatiente ne-me-touchez-pas cache ses graines dans des capsules qui éclatent au moindre toucher. Grâce à un système de ressort, les graines sont projetées jusqu'à plusieurs mètres de distance.

Les graines du frêne sont en grappe, chacune située à la base d'une aile longue et fine.

Les pins ont des petites graines à la base d'une aile courte, coincées sous les écailles du cône.

Plante un chêne

- **des pots de fleurs**
- **de la terre et du sable**

1. À l'automne, ramasse quelques glands. Place-les à 5 cm de profondeur dans un pot de fleurs rempli d'un mélange de terre et de sable.

2. Laisse le pot dehors tout l'hiver et ne sois pas impatient. S'il fait sec au printemps, arrose la terre et tu verras sortir le petit chêne. Garde-le au jardin si tu as de la place, dans le cas contraire, replante-le avec sa motte en forêt.

La chaleur et l'humidité favorise l'activité des petits animaux « décomposeurs ».

Ça fourmille dans la litière

La litière qui recouvre le sol de la forêt est épaisse de quelques centimètres seulement. Pourtant la litière grouille d'une vie – micro-organismes et petites bêtes – indispensable au fonctionnement de tout le milieu forestier.

De la litière...

La litière est composée de toute la matière morte qui tombe et s'accumule à la surface du sol : feuilles, aiguilles, brindilles, branches et troncs morts, fruits, excréments et cadavres. Cette matière est découpée en minuscules morceaux puis consommée par de nombreux petits animaux (mille-pattes, escargots, limaces, vers...).

... à l'humus

La litière et la grande quantité de crottes produites par les petits animaux qui l'habitent se décomposent sous l'action de bactéries et de champignons microscopiques. Au bout de quelques années, cela donne de l'humus, qui va nourrir les plantes. Tout retourne ensuite à la terre pour poursuivre indéfiniment le cycle de la vie.

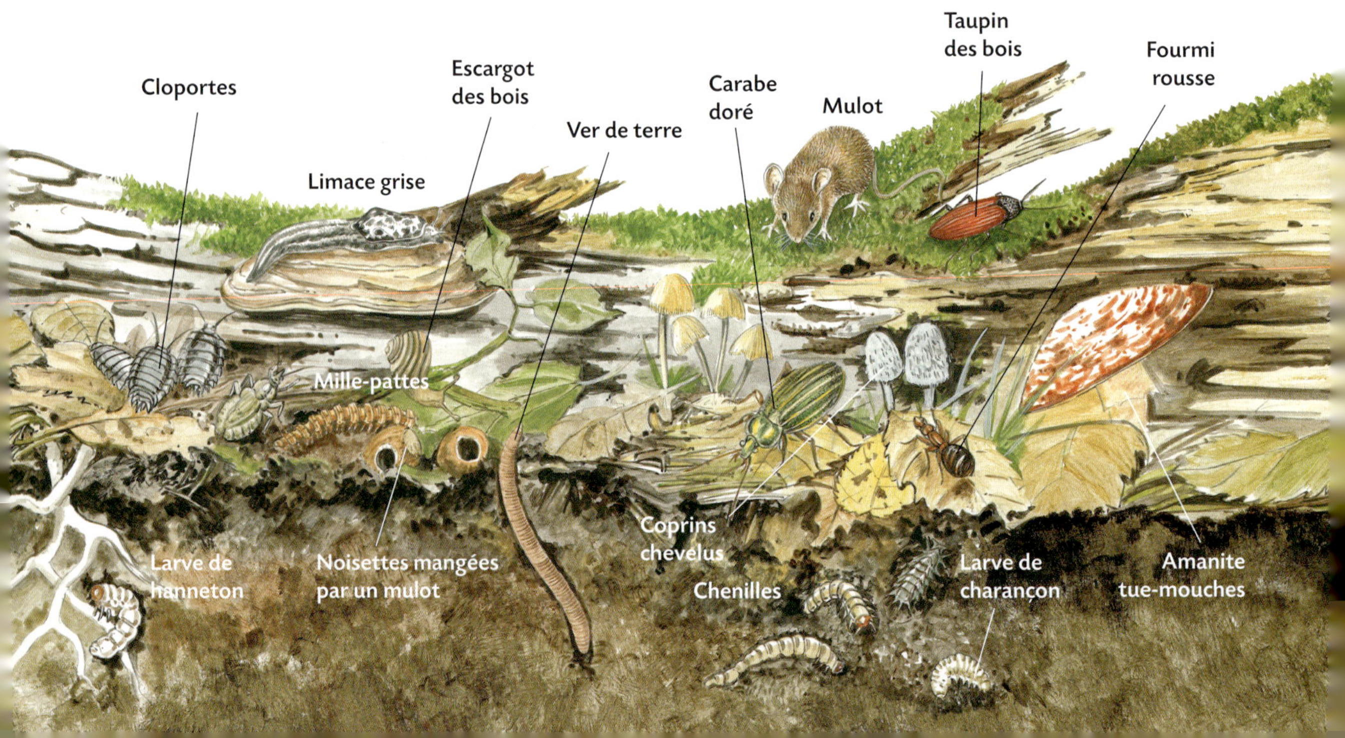

La chaîne alimentaire du sol forestier

Vers de terre, escargots, acariens, larves d'insectes... les petits animaux qui consomment la litière sont eux-mêmes mangés par les fourmis, les mille-pattes, les scarabées, qui sont à leur tour victimes des petits insectivores tels que les musaraignes ou les mulots.

Un mulot avec ses grandes oreilles.

Champignons sur un arbre mort.

C'est plus long pour les résineux

La litière des forêts de feuillus est peu épaisse et se décompose assez vite. Celle des forêts de résineux est plus épaisse, et constituée d'aiguilles dures et acides. Les micro-organismes et les petits bêtes qui décomposent les feuilles de chêne ont plus de difficultés avec les aiguilles. Alors qu'il faut trois ans pour recycler entièrement une feuille de chêne, il en faut au moins dix pour une aiguille d'épicéa !

La vie dans l'arbre mort

Un arbre mort finit un jour par tomber au sol. Il subit la pluie, la neige, le gel, le soleil, la sécheresse. En se décomposant, il attire de nombreux êtres vivants. Des champignons et des mousses poussent alors sur lui. Des coléoptères y pondent et leurs larves creusent des galeries dans le bois. Punaises et cloportes se glissent sous son écorce. Crapauds, salamandres, musaraignes et mulots se cachent dessous, tandis que les pics creusent le bois pour attraper des larves d'insectes. Contrairement aux apparences, un arbre mort, c'est plein de vie !

Les petits bêtes du bois mort

La larve du rhinocéros se nourrit dans les souches et les troncs pourris. Celle du lucane cerf-volant vit dans les racines des vieux chênes. Le taupin des bois, de couleur rouge et noire, se nourrit de larves qu'il recherche dans le bois mort. La larve du bupreste creuse ses galeries dans les branches mortes.

Les tapis de feuilles mortes sont un bon endroit pour rechercher des champignons.

Délice ou poison : les champignons

Les champignons sont très nombreux, et souvent difficiles à identifier. En voici quelques-uns parmi les plus communs, que tu trouveras dans les prés et dans les bois.

Dans les sous-bois de feuillus

Le tapis de feuilles dans les bois de hêtres, de chênes et de bouleaux convient à la russule charbonnière, dont le chapeau va du vert au violet. Le bolet tête-de-nègre a un chapeau très foncé et un pied épais, contrairement au bolet rude. Le pied fin du bolet rude, est couvert de points noirs. Avec son chapeau rouge parsemé de points blancs, l'amanite tue-mouches est peut-être le plus connu des champignons. Elle est très toxique et peut être mortelle.

Sous les résineux et les fougères

C'est plutôt en lisière ou dans les clairières avec des fougères que l'on peut dénicher le roi des champignons. Dénommé cèpe de Bordeaux, il a un chapeau brun et un pied épais et blanc. Le bolet à pied rouge a la même allure, mais son pied et le dessous de son chapeau sont rouges. Installé dans les mêmes zones, le pied-de-mouton est facile à reconnaître. Beige, il présente de nombreuses petites pointes molles sous son chapeau.

Amanite tue-mouches

Russule charbonnière

Bolet tête-de-nègre

Cèpe de Bordeaux

Bolet à pied rouge

Pied-de-mouton

Un peu partout

La chanterelle comestible, aussi appelée girolle, pousse sur les tapis de mousse dans les sous-bois éclairés. Elle n'est jamais très abondante, contrairement à la trompette-des-morts, qui pousse parfois en tapis dense dans les feuilles et la mousse.
La girolle est jaune orange et pleine, tandis que la trompette-des-morts est brun foncé et creuse. Avec son chapeau épais percé d'alvéoles, la morille a une drôle d'allure... Elle pousse souvent dans les vergers.

Chanterelle comestible

Trompette-des-morts

Vesse-de-loup

Morille

Dans les prés

Tous les champignons ne sont pas forestiers. Dans l'herbe des prairies, tu trouveras le rosé des prés, qui pousse parfois en grand nombre, la coulemelle, toute en finesse, et la vesse de loup, qui se présente sous la forme d'une boule blanche plus ou moins grosse. Le rosé des prés est assez petit et le dessous de son chapeau est rose. La coulemelle est haute (jusqu'à 40 cm). Elle a une bague sur le pied et des écailles marron un peu surélevées sur le chapeau. En vieillissant, la vesse-de-loup devient grise, et si tu marches dessus, elle dégage une poussière noirâtre. Ce sont les spores qui étaient enfermées à l'intérieur.

Rosé des prés

Coulemelle

Prudence...

Plusieurs espèces de champignons sont très toxiques, voire mortelles. Méfie-toi, car certains champignons comestibles ressemblent à d'autres très dangereux. Dans tous les cas, ne les ramasse qu'en présence d'un adulte qui les connaît bien.

Petites bêtes des bois

Si tu es un peu curieux, tu observeras lors de tes promenades dans les bois plein de petites bêtes qui font des choses étonnantes.

Lucane cerf-volant mâle

Des feuilles et des parasites

Pour installer leurs œufs, certains insectes piquent les feuilles, ce qui provoque l'apparition d'une « galle ». Il s'agit d'une sorte de loge dans laquelle l'insecte pond et où se développent les larves. La galle du hêtre est petite et rouge, en forme de goutte. Sous la feuille du chêne, elle est en forme de boule de la taille d'une cerise ou en forme de petit bouton. Sur les conifères, les galles ont l'allure d'un ananas.

Galle du hêtre

Galle du chêne

Galle de conifère

À tous les étages

Depuis le sol jusqu'au sommet des plus grands arbres, la forêt abrite une grande quantité d'insectes. Au sol, tu verras les scarabées, tandis que sur les troncs se trouvent de grands coléoptères dont les larves vivent dans le bois : le grand capricorne, le lucane cerf-volant et la belle rosalie des Alpes. Les hannetons et les punaises, eux, se tiennent dans le feuillage.

Les fourmis des bois

La plupart du temps, tu ne verras de la fourmilière que le tas de brindilles et d'aiguilles amassées en surface par les fourmis rousses. Certaines fourmilières atteignent un mètre de haut. En dessous, il y a tout un réseau de galeries et de chambres où se trouvent la reine, qui pond les œufs, et les larves, nourries par les ouvrières. Les soldats sont là pour protéger l'entrée en cas d'attaque. Voilà une société bien organisée.

Chenilles processionnaires du pin.

Dévoreuses d'aiguilles

En été, la processionnaire du pin pond ses œufs sur une petite branche de pin, où naîtront les chenilles, qui se nourriront des aiguilles. À l'automne, les chenilles confectionnent ces fameux cocons de soie que tu as certainement déjà remarqués dans les pins. Elles y passeront l'hiver, n'en sortant que la nuit pour se nourrir. Au printemps, les chenilles quittent le cocon, partent en procession à la queue leu leu, et chacune finit par s'enterrer dans un trou. Au bout de plusieurs mois, elles se métamorphoseront en papillons, qui sortiront de terre en été et ne vivront que quelques jours, le temps de s'accoupler et de pondre...

Avec ou sans coquille

Les escargots et les limaces apprécient l'humidité et l'ombre de la forêt. On y trouve l'escargot des bois, reconnaissable aux bandes brunes qui ornent sa coquille jaune. Et l'escargot de Bourgogne, plus gros, de couleur marron clair. Parmi les limaces, tu verras surtout la grande limace, à la belle couleur orange, qui mesure jusqu'à 15 cm de long, et la limace cendrée aux rayures grises et noires.

Escargot de Bourgogne

Grande limace

Limace cendrée

Escargot des bois

Mâle et femelle

Les escargots et les limaces sont hermaphrodites, c'est-à-dire que chaque individu est à la fois mâle et femelle. Après l'accouplement, chacun des deux partenaires pond des œufs.

Des mammifères très discrets

Dans le secret de la forêt se cachent des mammifères qui, à part l'écureuil, sont très discrets et difficiles à observer.

La genette est originaire d'Afrique.

Les carnivores grimpeurs

La martre, la genette et le chat sauvage ont beaucoup de points communs. Ces excellents grimpeurs font leurs nids en hauteur dans les branches, les entrelacements du lierre ou les troncs creux. Ils peuvent chasser dans les frondaisons, mais la plupart du temps, ils descendent au sol pour capturer des petits rongeurs. Seule la martre est capable d'attraper un écureuil à la course dans les branches.

Martre

Le préféré

D'après les sondages, l'écureuil est le plus connu des mammifères sauvages. C'est aussi le préféré. Il est très facile à reconnaître, grâce à sa couleur rousse et sa queue en panache. Il est le lutin des bois et son agilité dans les branches suscite l'admiration de tous. Son habitude de constituer des réserves de noisettes a aussi fait de lui le symbole de l'épargne.

Le chat sauvage est plus gros que le chat domestique.

Les plus petits

Les deux petits rongeurs les plus communs en forêt sont le mulot à collier et le campagnol roussâtre. À eux deux, ils constituent la base de l'alimentation de tous les carnivores forestiers. Le premier a de grandes oreilles et une queue longue et fine. C'est un très bon grimpeur qui se déplace en bondissant. Le second, bon grimpeur également, doit son nom à la couleur rousse de sa fourrure. Ses oreilles sont rondes et sa queue courte.

Les dormeurs

Quand le froid et la neige arrivent, le loir, le muscardin et le blaireau s'endorment jusqu'au printemps. Le blaireau, qui vit toute l'année dans un réseau de galeries, s'aménage une chambre pour l'hiver. Pour hiberner, le muscardin et le loir se préparent un nid dans un buisson ou un arbre. Le muscardin peut également trouver refuge sous une souche ou un tas de pierres, tandis que le loir n'hésite pas à entrer dans une maison.

Loir en hibernation

Mulot à collier

Campagnol roussâtre

Blaireau à l'entrée de son terrier

Le cerf et le chevreuil

Le cerf et le chevreuil ne vivent pas les mêmes choses au même moment. Pour augmenter tes chances d'observer ces magnifiques animaux, apprends à connaître leurs habitudes et leur mode de vie.

Des bois dans la forêt

Les bois des cerfs et des chevreuils mâles tombent chaque année pour repousser un peu plus grands l'année suivante. Chez le cerf, la chute des bois a lieu en février-mars et la repousse dure jusqu'en août, tandis que ceux du chevreuil tombent entre octobre et décembre et repoussent jusqu'en mars. Il faut une sacrée chance pour en trouver sur le sol de la forêt !

Cerf mâle en train de bramer.

Bains de boue

Comme le sanglier, le cerf aime se rouler dans la boue pour se débarrasser de ses parasites, tandis que le chevreuil ne le fait pas.

Le temps des amours

Les amours du cerf ont lieu en septembre-octobre. Durant cette période, le mâle perd toute méfiance. Il appelle les femelles en poussant de longs cris très sonores (il brame) et établit sa domination.
Les chevreuils, eux, s'accouplent en plein été, souvent au mois d'août. On peut alors entendre leurs cris, qui ressemblent à des aboiements. En dehors de ces périodes, les mâles de cerf et de chevreuil vivent seuls, laissant les femelles élever les jeunes.

Carte d'identité

Nom commun : **cerf élaphe**
Nom savant : *Cervus elaphus*
Ordre : artiodactyles
Famille : cervidés
Taille : 1,60 à 2,50 m ; 1 à 1,50 m au garrot
Poids : 100 à 300 kg
Description : dos brun roux, ventre clair
Reproduction : 1 faon par an en mai-juin
Nourriture : herbes, feuilles, plantes, champignons, et fruits

Les bois du chevreuil sont très différents
de ceux du cerf.

Carte d'identité

Nom commun : **chevreuil**
Nom savant : *Capreolus capreolus*
Ordre : artiodactyles
Famille : cervidés
Taille : 1 à 1,50 m ; 60 à 80 cm au garrot
Poids : 15 à 30 kg
Description : fourrure brune
Reproduction : 1 ou 2 faons par an
Nourriture : toutes sortes de végétaux
Signe particulier : tache blanche
sur les fesses

À chacun son nom

La femelle du cerf s'appelle la biche, celle du chevreuil se nomme la chevrette. Les petits des deux espèces sont des faons, reconnaissables à leur robe tachetée.

Miroir, miroir...

En hiver, le mâle de chevreuil, appelé brocard, n'a plus de bois. Comment faire alors pour le distinguer de la femelle ? Regarde attentivement la tache blanche qui orne les fesses de l'animal. Si elle a la forme d'un haricot, c'est un mâle, si elle ressemble à un cœur, c'est une femelle. Sais-tu que cette tache porte le nom de « miroir » ?

Pas touche !

Il arrive qu'une biche (*photo*) ou une chevrette laisse son faon seul pour aller se nourrir. Si tu en trouves un, surtout ne le touche pas. À son retour, la femelle sentirait ton odeur sur son petit et elle risquerait de l'abandonner.

Rencontre avec le sanglier

Depuis la préhistoire, le sanglier passionne les hommes et fait l'objet d'une chasse acharnée. Qui est donc cet animal, à la fois si banal et si original ?

La bête noire

Le sanglier est l'un des plus gros animaux de la forêt (1,50 m de long et 90 cm de haut). Le mâle adulte peut peser plus de 150 kg. La laie atteint en moyenne 60 à 80 kg. Les canines du mâle peuvent dépasser de 6 cm, ce sont de vraies défenses. La couleur brun foncé de son pelage a valu au sanglier le surnom de « bête noire ».

Tout ce qui rentre fait ventre

Cette vieille expression, qui signifie que tout ce qu'on peut avaler nourrit, s'applique particulièrement bien au sanglier, qui est un véritable omnivore. Ses préférences vont aux fruits sauvages (glands, faines, châtaignes), mais il dévore aussi les petits rongeurs, les vers de terre, les racines, le blé le maïs, le raisin et les déchets en tout genre.

Le sanglier, tout un vocabulaire

Avec le sanglier, il faut apprendre des mots nouveaux. La femelle s'appelle la laie et les petits les marcassins. Quand ils ont leur pelage rayé, on dit qu'ils sont en livrée. La souille est l'endroit où les sangliers se baignent, et le chaudron le lieu où la femelle fait ses petits. La bauge est le creux dans le sol où dorment les sangliers. La hure est le nom donné à la tête de l'animal, le vermillis est le sillon qu'il trace en recherchant les vers de terre, et les boutis sont les trous qu'il creuse dans le sol pour chercher sa nourriture. Réussiras-tu à tout retenir ?

Le sanglier n'hésite pas à venir se nourrir dans les cultures.

Vie de famille

Les amours du sanglier ont lieu en hiver. Au printemps, après une gestation de quatre mois, naissent 4 à 6 marcassins. Pour mettre bas la femelle construit un nid, le chaudron, fait avec des herbes entassées dans un endroit bien caché. Depuis leur naissance et jusqu'à l'âge de six mois, les petits ont des rayures claires et foncées très mimétiques, puis deviennent roux jusqu'à l'âge de un an. La femelle et les jeunes vivent en groupe, pendant au moins un an pour les petits mâles.

Les marcassins sont rayés jusqu'à l'âge de six mois.

Le sanglier aime se frotter contre les troncs d'arbres.

Sangliers gourmands

L'abondance des fruits des bois est très importante pour le sanglier. Quand il y a beaucoup de glands et de châtaignes en automne, les naissances ont lieu plus tôt. Quand les fruits sont rares, les sangliers font de gros dégâts pour se nourrir dans les champs de céréales. Son goût pour les fruits forestiers, qu'il est capable de sentir et de déterrer avec son groin, explique aussi la présence du sanglier dans les forêts de chênes, de hêtres et de châtaigniers.

Du sanglier au cochon

Le sanglier, animal sauvage, est l'ancêtre du cochon, qui lui est domestique. Porcs et sangliers se croisent sans problème et leurs descendants peuvent aussi se reproduire. Dans certaines régions, des éleveurs laissent leurs truies vagabonder pour qu'elles s'accouplent avec un sanglier sauvage, car les petits seraient plus robustes et leur viande meilleure.

Pister les mammifères

Quand il n'y a pas de neige, le pistage en forêt est difficile car le sol est couvert de feuilles, de mousses et de brindilles. Tu dois d'abord rechercher des emplacements boueux, l'idéal étant bien sûr les chemins.

Les empreintes du cerf comportent uniquement 2 onglons et mesurent 6 à 7 cm de large et 9 cm de long.

La trace de l'écureuil a la forme d'un V, et ses 4 pattes sont bien visibles.

Les 2 onglons avant du sanglier mesurent 6 à 7 cm de large et 6 à 8 cm de long. Les 2 onglons arrière (ou gardes) débordent de chaque côté des doigts antérieurs.

L'empreinte du blaireau présente 5 doigts en ligne au-dessus de la voûte plantaire et de longues griffes bien visibles.

Les empreintes de chevreuil mesurent 3 cm de large et 4,5 cm de long. Ses sabots sont plus pointus que ceux du cerf.

Propre, le blaireau !

Le blaireau est un original : il fait ses crottes dans des « cabinets » ! Ce sont de petits trous de 20 cm creusés les uns à côté des autres dans un endroit précis. Il y dépose ses crottes mais ne les recouvre pas.

De 3 à 4 cm de large et 4 à 5 cm de haut, l'empreinte de la martre comporte 5 doigts, dont 4 à l'avant et 1 à l'arrière peu visible.

L'empreinte du chat sauvage mesure 4,5 cm de large, 3,5 cm de long, et présente 4 doigts en éventail. Les griffes ne sont pas visibles.

Cherche au bord de l'eau

Il y a souvent des étangs ou des sources en forêt. Les mammifères viennent régulièrement s'y abreuver. Regarde bien la vase qui est au bord, tu y trouveras sûrement des empreintes.

L'empreinte de la genette ressemble à celle du chat sauvage, avec un doigt en plus en bas sur le côté.

Cerf

2,5 cm de long et 1,5 cm de diamètre, cylindrique

Chevreuil

Petit cylindre de 1,4 cm de long et 8 mm de diamètre, pointu d'un côté, creux de l'autre

Chat sauvage

En forme de boudin de 5 cm de diamètre

Sanglier

Jusqu'à 20 cm de long, en plusieurs morceaux, 1 à 2 cm de diamètre

Blaireau

Crotte irrégulière de 4 à 8 cm de long

Genette

10 à 25 cm de long et 2,5 cm de diamètre, mélangée à des herbes

Martre

Crotte large, torsadée et effilée au bout, 8 à 10 cm de long, 1 cm de large, souvent sur les chemins

Écureuil

Quelques millimètres

Toutes sortes d'indices

Pour identifier les animaux, il n'y a pas que les empreintes et les crottes. Ils laissent dans la forêt de nombreux indices de leur présence, notamment sur les fruits et les arbres.

Les noisettes

Les noisettes, c'est délicieux, mais il faut les ouvrir... L'écureuil est très habile : il coince la noisette entre ses dents, fait une minuscule ouverture et l'ouvre en deux d'un seul coup. Les petits rongeurs, eux, font un trou circulaire, au bord duquel apparaissent nettement les traces des incisives. Quant à la sittelle torchepot, elle éclate la noisette à coups de bec.

Noisettes ouvertes par un écureuil

Noisette ouverte par une sittelle

Noisette ouverte par un mulot

Les cônes

Les cônes d'épicéas et les pommes de pins intéressent les animaux qui mangent les petites graines cachées sous les écailles. L'écureuil épluche grossièrement le cône sur l'arbre, en laissant des barbelures. Le mulot attend que le cône tombe et découpe soigneusement les écailles en laissant une tige presque lisse. Le bec-croisé des sapins se contente d'écarter les écailles sans les couper.

Cône vert d'épicéa mangé par un écureuil

Pomme de pin décortiquée par un écureuil

Cône mangé par un mulot

Contre cet arbre se sont frottés un cerf et un sanglier.

Sur les écorces

Le cerf et le chevreuil laissent plusieurs sortes d'indices sur les écorces des branches et des troncs. Si la branche est très fine, elle est sectionnée d'un coup de dent. Pour manger l'écorce tendre, le chevreuil la déchire en lanières. Au moment du rut, ou pour se débarrasser de la peau qui recouvre leur bois lors de la repousse, les cervidés se frottent contre les arbres. La hauteur de ce frottis t'indique s'il s'agit d'un chevreuil (1 à 1,50 m) ou d'un cerf (plus de 1,50 m).

Sortie de bain

Si tu trouves une souille, lieu où le sanglier et le cerf prennent leur bain de boue, examine les arbres alentour. Ils s'y frottent pour se débarrasser de la terre et finissent par user l'écorce. Tu verras les poils noirs du sanglier et les poils roux du cerf collés dans la résine à différentes hauteurs.

À qui l'enclume ?

Le forgeron pose le fer rouge sur une enclume pour le frapper avec son marteau. Pour ouvrir les fruits secs à coups de bec, la sittelle torchepot, les pics et le casse-noix moucheté doivent eux aussi les poser quelque part. La sittelle et le pic épeiche les coincent dans les fentes des écorces, tandis que le casse-noix les pose sur une souche. Le mulot, lui, n'a pas besoin d'enclume car il ne tape pas sur les fruits mais les ronge.

En guise d'enclume, la sittelle utilise les fentes naturelles dans les écorces.

Qui a mangé l'oiseau ?

Si tu trouves les restes d'un oiseau dévoré par un prédateur, regarde attentivement les plumes. Si le bout des tuyaux est intact, c'est que les plumes ont été arrachées par un rapace. S'il est brisé, c'est qu'elles ont été sectionnées par un carnivore (renard, martre...), qui mâche les tuyaux pour déplumer sa victime.

L'autour des palombes installe son nid en haut des grands arbres.

Les oiseaux

La répartition des oiseaux en forêt se fait de bas en haut et du bord vers le centre. À chacun ses habitudes, sa nourriture et son nid.

Bécasse

Près du bord

Les oiseaux que tu verras en bordure de forêt sont en majorité ceux qui nichent et se nourrissent dans les parties basses. Ceux qui vivent le plus près du sol sont la bécasse, qui niche à terre, le troglodyte, le rouge-gorge et l'accenteur mouchet. Dans les buissons et les arbustes se trouvent le merle noir, le rossignol, le pouillot véloce, la grive musicienne, les mésanges bleue, nonnette et charbonnière, et les fauvettes.

Accenteur mouchet

Un original

Le coucou est un cas à part. C'est un oiseau forestier, mais il pond dans le nid d'autres espèces, et souvent, ce nid n'est pas dans les bois. Il peut être près du sol si c'est celui d'un rouge-gorge ou dans un marais si c'est celui d'une rousserolle.

Coucou

Régime spécial

La bondrée apivore est le seul rapace qui se nourrit presque exclusivement d'abeilles et de guêpes. Or, en forêt il y a beaucoup d'essaims sauvages et de nids de guêpes. Rassure-toi, la bondrée ne craint pas les piqûres.

Bondrée apivore

Dans les grands arbres

Plus haut dans les arbres et plus au cœur de la forêt, tu observeras les oiseaux qui nichent dans les troncs, comme les pics, la sittelle torchepot, l'étourneau sansonnet, la chouette hulotte et la chouette de Tengmalm. Dans les frondaisons nichent tous ceux qui aiment les hauteurs : quelques petits passereaux tels que le pinson des arbres et la mésange à longue queue, mais aussi la tourterelle des bois, le loriot, le geai... et enfin les rapaces, qui construisent une aire avec des branchettes (la bondrée apivore, l'épervier, le faucon hobereau).

La vie sauvage préfère les feuillus

Dans une forêt de feuillus (chênes et charmes), les ornithologues ont dénombré 200 couples d'oiseaux nicheurs pour 1 kilomètre carré. Dans une plantation d'épicéas de même surface, ils n'ont recensé que 20 couples !

Chouette abandonnée ?

Si tu trouves une jeune chouette au sol, ne la touche pas. Ses parents ne sont pas loin, ils vont s'occuper d'elle. Il est normal que les petites chouettes s'écartent du nid.

Tourterelle des bois

Chouette de Tengmalm

Loriot d'Europe

Un tronc pour maison

Les troncs d'arbres servent de nourriture mais aussi d'abri. Leurs locataires les plus fréquents ? Les pics.

Les pics noirs se sont installés dans ce châtaignier.

Bien adaptés

Pour escalader les troncs, les pics s'appuient sur les plumes de leur queue, très rigide. Ils utilisent aussi leurs pattes robustes, aux ongles pointus et aux doigts opposés qui leur permettent de s'agripper fortement. Pour forer une loge ou simplement tambouriner, ils tapent du bec des milliers de fois par jour... Imagine les vibrations ! Heureusement, leur cerveau est protégé des chocs par un système très sophistiqué. Ils possèdent aussi une longue langue pour atteindre les larves d'insectes qui vivent dans les conduits très étroits des troncs d'arbres. Elle se déploie jusqu'à 10 cm...

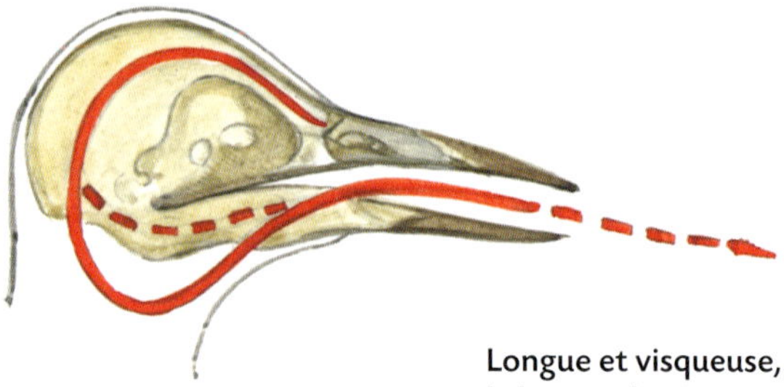

Longue et visqueuse, la langue du pic est un outil précieux.

À louer...

Chaque année, les pics creusent une nouvelle loge, laissant vacante celle de l'année précédente. Ces emplacements ne sont pas perdus pour tout le monde ! Ils profitent aux nombreux animaux incapables de creuser eux-mêmes le trou dont ils ont besoin.

... selon affinités

Ces animaux choisissent les loges selon leur taille. Celle du pic noir pour la martre et la chouette de Tengmalm et celle du pic épeiche pour l'étourneau sansonnet et la chevêchette. La sittelle torchepot se contente de réduire le trou d'entrée à sa taille avec de la terre et de la salive.

Pic vert et pic cendré se ressemblent beaucoup. D'une taille de 30 cm de haut environ, ils ont tous 2 le dos vert et le croupion jaune-vert. Mais le mâle du pic cendré présente une tache rouge sur le front tandis que la calotte du pic vert est entièrement rouge.

Pic à terre

Le pic vert vient souvent à terre pour se nourrir de vers ou de fourmis. Il creuse des petits trous dans l'herbe pour attraper ses proies.

Le torcol doit son curieux nom au fait qu'il fasse un tour complet avec sa tête. Ce pic ne creuse pas sa loge mais utilise les cavités naturelles des arbres. Il se nourrit surtout de fourmis et de leurs larves. Son plumage le rend difficile à repérer, mais son chant sonore t'y aidera.

Très commun, le pic épeiche mesure 25 cm environ. Ses ailes noires sont barrées de blanc et son bas-ventre est rouge vif. Le mâle possède une petite tache rouge sur la nuque.

Le pic noir est le plus grand de nos pics (environ 45 cm de haut et 70 cm d'envergure). Il est entièrement noir, avec une calotte rouge chez le mâle et seulement une tache rouge à l'arrière de la calotte chez la femelle.

Plus rare, le pic mar ressemble au pic épeiche, mais son bas-ventre est rouge clair et les adultes ont une calotte rouge.

Le plus petit

Le pic épeichette est le plus petit de nos pics (15 cm de haut environ). Son dos et ses ailes noires sont barrées de blanc et il n'a pas de rouge sur le ventre. Seul le mâle possède une calotte rouge.

De la source à l'embouchure, la rivière traverse toutes sortes de paysages.

Au fil de

Impossible de s'ennuyer au bord d'une rivière. Il y a toujours du mouvement. La vie sauvage y est plus riche que partout ailleurs et tu découvriras, en même temps que les animaux et les plantes aquatiques, les habitants des berges.

la rivière

La ronde de l'eau

Qui se transforme sans cesse en restant toujours la même ? C'est l'eau de notre planète. Presque aussi vieille que la Terre elle-même, elle suit un cycle sans fin.

La source est l'endroit où l'eau sort de terre.

Un cycle perpétuel

Tout commence avec les rayons chauds du Soleil, qui provoquent l'évaporation de l'eau de la mer et des lacs, et aussi la transpiration des plantes et des animaux. Comme la vapeur d'eau est plus légère que l'air, elle monte dans l'atmosphère. En se refroidissant, elle se condense en petites gouttelettes qui forment les nuages, et elle retombe sous forme de pluie, de neige ou de grêle. Une partie de cette eau ruisselle jusqu'aux rivières et rejoint la mer. Et le cycle recommence...

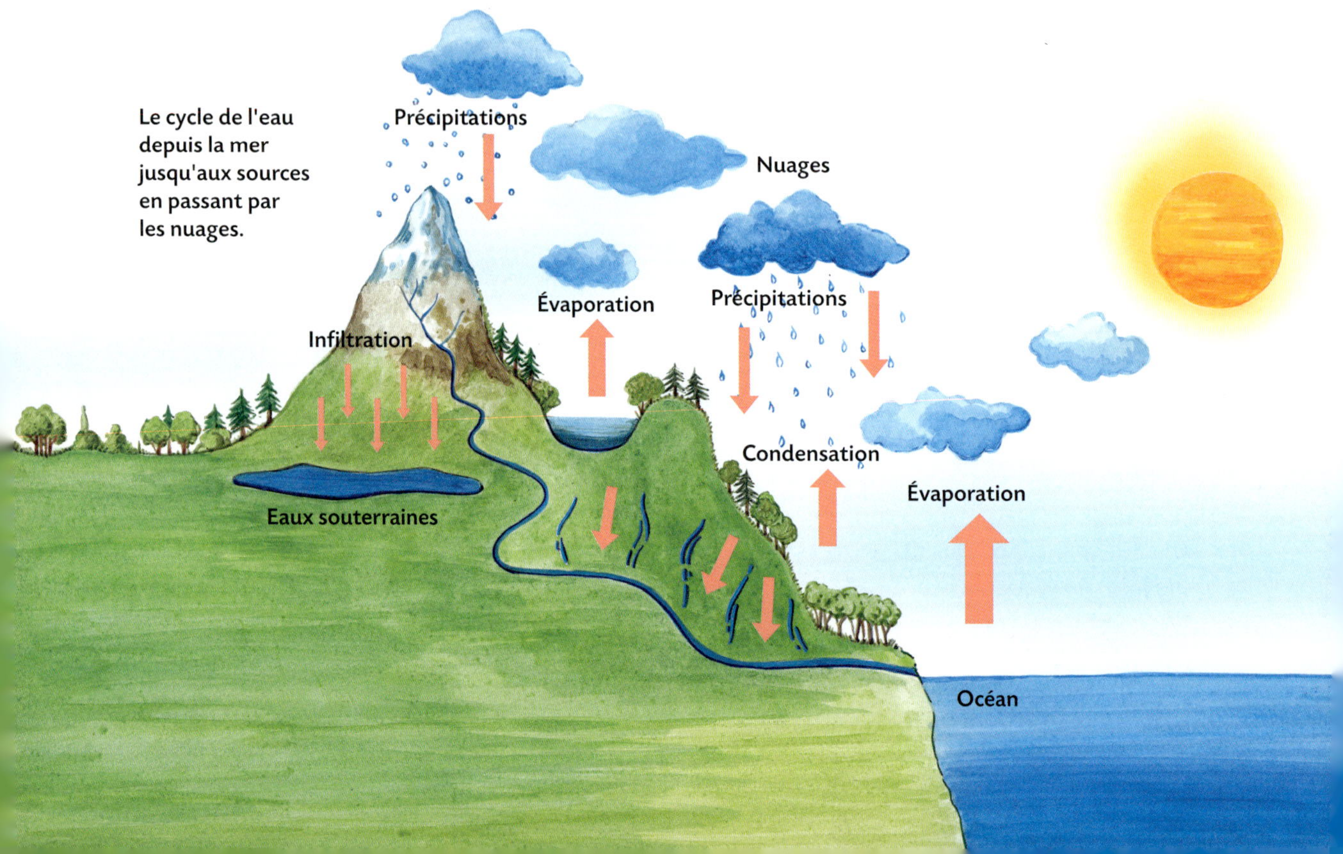

Le cycle de l'eau depuis la mer jusqu'aux sources en passant par les nuages.

Très peu pour nous

Sur la totalité de l'eau de notre planète, l'eau de mer, qu'on ne peut pas boire car elle est salée, représente plus de 97 % ! Presque tout le reste de l'eau est sous forme de banquise ou souterraine, donc inaccessible. Il ne nous reste que 0,01 % d'eau douce, comprenant les lacs, les rivières, l'humidité de la terre. Autrement dit, pour 10 000 litres d'eau existant, on ne peut utiliser que 1 seul litre pour notre consommation.

Très rare à la surface de notre planète, l'eau douce est un bien précieux.

Dans tous ses états

L'eau existe sous plusieurs formes, observables dans la nature comme dans ta cuisine. Elle peut se présenter à l'état liquide, comme dans une rivière ou au robinet. Elle peut aussi être à l'état solide, comme les glaces des pôles ou les glaçons du frigo. Enfin, elle peut être à l'état gazeux, quand elle s'évapore au-dessus de la mer sous l'action du soleil, ou quand elle est chauffée et s'échappe de la Cocotte-Minute.

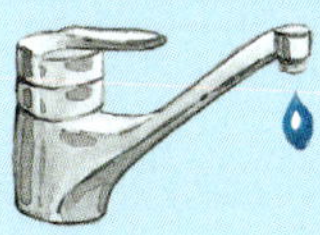

État liquide

État solide

État gazeux

Toujours la même eau

À cause de l'atmosphère, qui agit comme un couvercle, l'eau ne peut s'échapper dans l'univers. De sorte que depuis qu'elle existe sur Terre, c'est toujours la même eau qui circule et se transforme, et son volume n'a presque pas bougé depuis les origines. Les dinosaures buvaient donc la même eau que toi !

D'où vient l'eau des rivières ?

L'eau des rivières a plusieurs origines. L'eau de pluie qui s'infiltre dans le sol forme des nappes souterraines. Lorsque le niveau d'une nappe atteint le sol, l'eau s'écoule en mince filet : c'est la source d'une rivière. Les rivières sont aussi alimentées par l'eau de pluie qui ruisselle en suivant les pentes, et par l'eau de la fonte des neiges et des glaciers qui s'écoule le long des montagnes.

La Nive traversant la ville d'Ustaritz, au Pays basque.

De la source à la mer

Depuis sa source jusqu'à la mer, une rivière traverse des paysages très différents. La pente et le courant sont de moins en moins forts et les espèces de poissons changent. Elle est toujours alimentée par les eaux d'un même bassin versant.

Limite naturelle

Un bassin versant est délimité par une frontière appelée ligne de partage des eaux. Cette frontière suit un contour naturel, qui est celui des crêtes des montagnes. La pluie qui tombe d'un côté d'une ligne de partage des eaux s'écoule dans un bassin versant, celle qui tombe de l'autre côté alimente le bassin versant voisin.

Vue d'ensemble

L'homme exerce de nombreuses activités sur le vaste territoire d'où provient l'eau d'une rivière. Toute pollution dans ce bassin versant se répercute sur la rivière, c'est pourquoi il faut considérer l'ensemble du bassin quand on s'occupe de la qualité de l'eau d'une rivière ou d'un fleuve.

Le bassin versant

Il correspond à l'étendue de terrain sur lequel s'écoulent toutes les eaux qui alimentent un même fleuve. Il comprend non seulement l'ensemble des eaux qui ruissellent mais aussi les lacs, les étangs, les champs, les bois, les montagnes et les villes qui sont traversés par le fleuve et tous ses affluents.

Un bassin versant

Des noms de poissons

La température de l'eau et la vitesse du courant déterminent la vie de la rivière, et donc le type de poissons qui peuvent vivre dans telle ou telle de ses portions. Les poissons caractérisent la rivière dans laquelle ils vivent, et ils changent au fur et à mesure que celle-ci va des sources vers la mer. C'est la raison pour laquelle on a donné des noms de poissons à ses différentes parties : la zone à truite, la zone à ombre et à barbeau, et enfin la zone à brème.

Truite

Barbeau

Ombre

Brème

La pente est forte, l'eau est rapide, l'érosion est importante. Le courant entraîne des gros cailloux. Les berges sont abruptes avec des pentes rocheuses. La température de l'eau est de 5 à 10 °C.

La pente est moins forte et l'eau moins rapide, mais elle est encore courante. Le fond s'est élargi, les cailloux transportés par le courant sont plus petits. La vallée où coule la rivière est plus large. La température de l'eau est de 12 à 20 °C.

La rivière est très large, il n'y a presque plus de pente. Les eaux s'écoulent lentement. La rivière serpente dans la vallée, les eaux sont plus profondes. Le fond est constitué de sable et de vase. Les berges sont souvent recouvertes par les inondations. La température de l'eau est en moyenne supérieure à 15 °C, et elle dépasse souvent 20 °C.

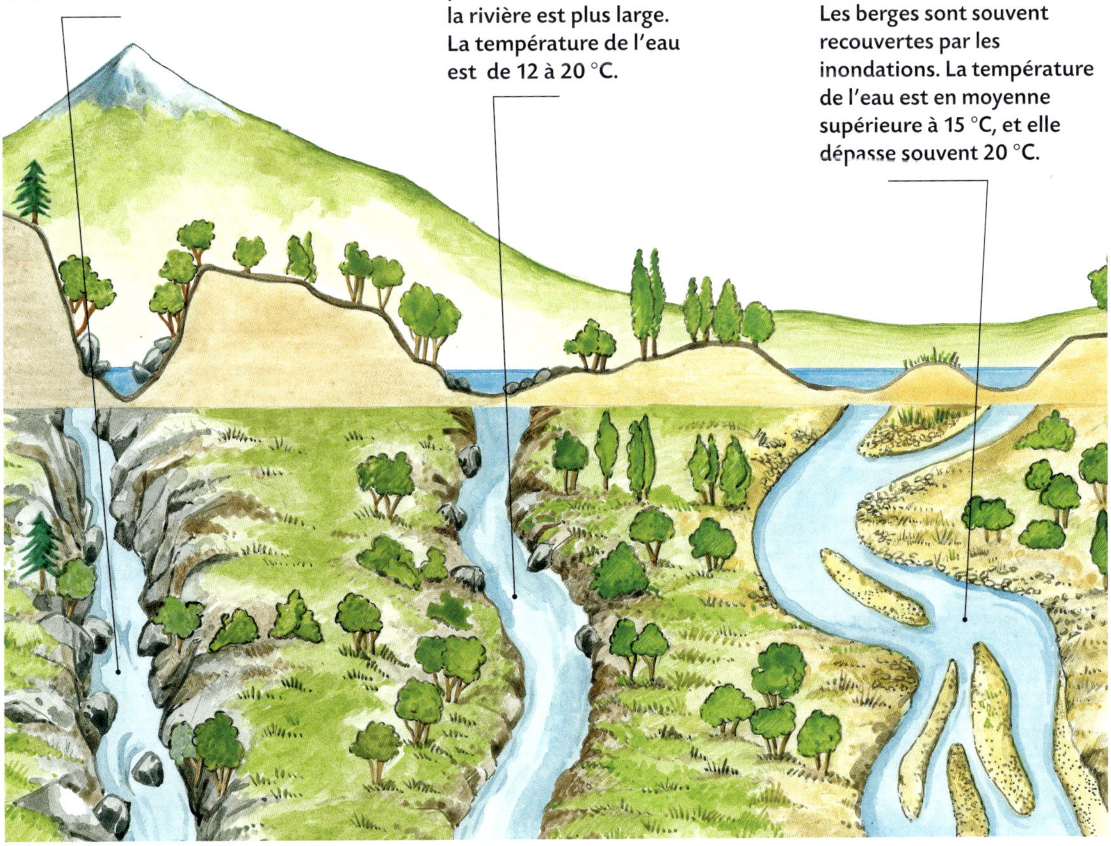

En France, il existe encore de superbes petites rivières aux eaux vives.

Vivre en eaux vives

Près de sa source, la rivière est peu profonde et s'écoule sur un terrain très pentu : c'est le domaine des eaux vives, où le courant est fort. Les animaux qui vivent là doivent être bien adaptés pour ne pas être emportés !

Sportifs et « planqués »

Dans les eaux vives, on trouve deux types de poissons. Il y a les sportifs, comme la truite et le vairon. Leur corps en forme de fuseau leur permet de poursuivre leurs proies sans être gênés par la force du courant. Pour la loche et le chabot, dont le corps est plus plat, la tactique est différente. Ils évitent la contrainte du courant en vivant sur le fond, le plus souvent cachés sous les pierres, où ils attrapent les petits animaux qui passent à leur portée.

La truite pratique la chasse sportive.

Caché sous les pierres, le chabot attend ses proies.

Pas adaptée

La brème ne pourrait pas vivre dans une petite rivière rapide. Son corps tout en hauteur et aplati sur les côtés offrirait une trop grande surface au courant, un peu comme une voile trop grande face à un vent violent.

Une vraie fusée

Pour attraper ses proies, la truite doit être très rapide. Elle fait des démarrages foudroyants et peut atteindre des pointes à 5 m/s. Les petits alevins, les goujons et même les vairons peuvent être capturés sans problème.

Tenir bon !

Quand on est une toute petite larve d'insecte et qu'on habite en eau vive, pour ne pas être emportée par le courant, il faut s'accrocher !

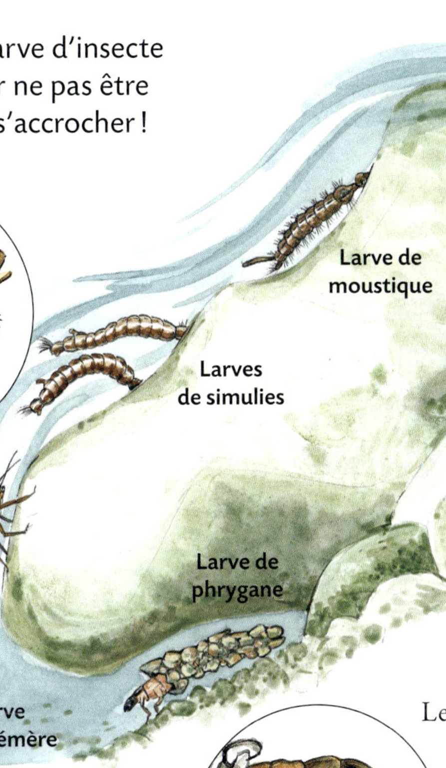

Les larves de simulies se fixent grâce à une couronne de crochets qui entourent une ventouse à l'extrémité du corps.

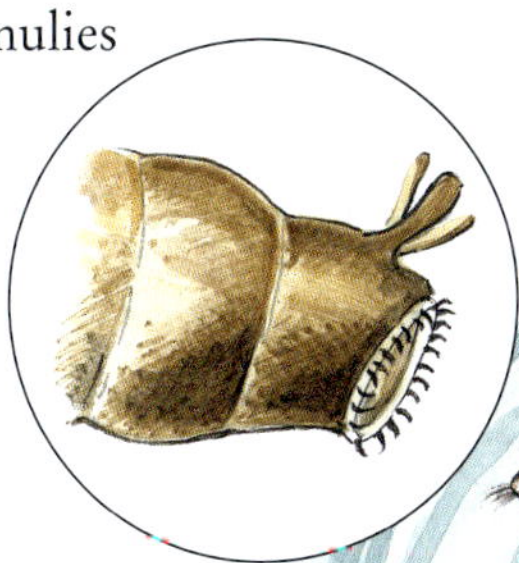

Les larves de moustiques sont équipées de ventouses sous l'abdomen.

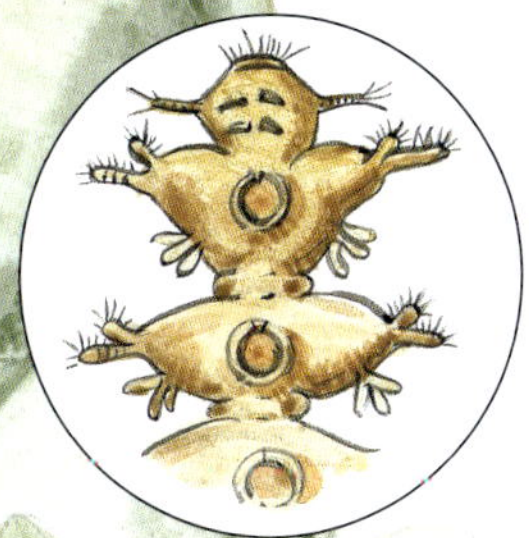

Les larves d'éphémères s'agrippent aux pierres grâce à leur corps aplati et au fait que leurs pattes sont sur le côté du corps plutôt qu'en dessous.

Les larves de phryganes, bien à l'abri dans leur fourreau, rampent sur le fond grâce à leurs pattes très crochues.

Mesure la vitesse du courant

Une rivière lente s'écoule à une vitesse de moins de 1 km/h, et une rivière rapide à plus de 2 km/h. L'homme, lui, marche à 3 km/h environ.

1. Pour savoir si tu as affaire à une rivière lente ou rapide, lance un morceau de bois dans l'eau et marche le long de la rivière dans le sens du courant.

2. Si le morceau de bois avance à la même vitesse que toi, c'est que tu es au bord d'une rivière relativement rapide, si tu le doubles facilement, il s'agit d'une rivière lente.

À la différence de sa cousine américaine, l'écrevisse française n'a pas de tâches rougeâtres sur le dos.

Petites bêtes des courants

Dans les rivières rapides, vivent de nombreux petits animaux. Certains ont tendance à disparaître car ils sont très sensibles à la pollution, d'autres s'en accommodent mieux.

Une écrevisse de chez nous

L'écrevisse à pattes blanches aime les eaux claires et fraîches. Elle se cache sous les pierres ou dans des petits terriers sous la berge. Ses pinces sont impressionnantes mais pas dangereuses car elle mange des végétaux et des petits animaux, le plus souvent morts.

Un escargot d'eau au joli chapeau

Il y a peu d'escargots dans les eaux vives car les plantes y sont rares. Tu pourras cependant rencontrer l'ancyle, un petit escargot de 1 cm de diamètre environ. Sa coquille ressemble à un chapeau chinois. Il vit collé aux pierres, broute des algues minuscules et supporte une légère pollution.

Fausse crevette

Entre les pierres des petites rivières tu pourras voir des dizaines de gammares, ces petits crustacés qu'on appelle à tort « crevettes d'eau douce ». Ils se nourrissent de déchets végétaux et supportent une eau légèrement polluée, où il y a davantage de matière organique. Curieusement, ils nagent sur le côté en se contorsionnant.

Une cousine d'Amérique

L'écrevisse américaine a été introduite dans les rivières d'Europe dans l'espoir de remplacer l'écrevisse à pattes blanches qui disparaissait. L'écrevisse américaine est beaucoup plus résistante à la pollution et supporte des eaux moins oxygénées. Elle a donc très vite progressé, et prend maintenant la place des dernières écrevisses locales. Une fois de plus, il aurait fallu réfléchir avant d'agir.

Ancyle

Des fourreaux pour tous les goûts

Dans le fond de la rivière, des petits morceaux de bois semblent bouger tout seuls. Ce sont des larves de phryganes, qui se déplacent dans leur fourreau protecteur. Elles fabriquent cet étui avec des petits matériaux très variés, qu'elles collent avec une soie spéciale. Petits cailloux, morceaux de bois et de feuilles, tout leur est bon, et tu peux t'amuser à chercher des fourreaux différents. Les larves de phryganes mangent des débris végétaux, contribuant ainsi au nettoyage du fond de la rivière.

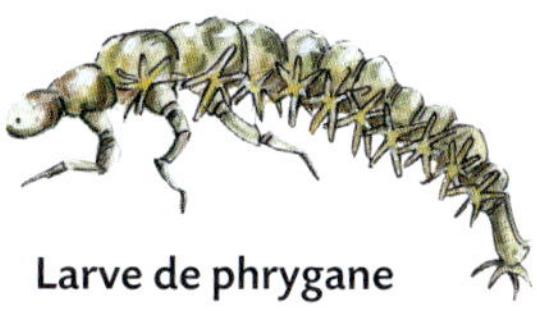
Larve de phrygane

Larve de phrygane dans son fourreau

Phrygane adulte

Aide la larve de phrygane à construire son fourreau

- un aquarium
- de l'herbe
- du gravier

1. Attrape quelques larves de phryganes et sors-les délicatement de leur fourreau.

2. Place-les dans un aquarium avec un matériau de ton choix, comme de l'herbe coupée en tout petits morceaux ou du gravier très fin.

3. Au bout d'un moment, tu les verras refaire un fourreau avec les seules choses dont elles disposent. On en a même vu faire leur fourreau avec du plastique transparent !

Une moule en danger

Sais-tu qu'il existe des moules d'eau douce ? Et que certaines font des perles, comme les huîtres ? C'est le cas de la moule perlière, aussi appelée mulette. Les perles sont très rares, seulement une moule sur mille en produit une. La mulette vit à moitié enfoncée dans le fond de la rivière et peut atteindre l'âge de 100 ans ! Comme elle ne supporte pas la pollution et que son habitat s'est beaucoup détérioré, elle est malheureusement menacée de disparition.

Moule perlière

Passages obligés

Pour se transformer en moules, les larves de mulette s'installent dans les branchies d'une truite, qui les protège, les nourrit et les transporte sans même le savoir. Une fois transformées, les moules passent 4 ou 5 ans enfoncées dans le sol avant de remonter se fixer en surface. Là, elles continuent de se développer et attendent d'avoir entre 15 et 20 ans pour pouvoir se reproduire.

Plantes des rivières et des berges

Dans la partie supérieure des rivières, où le courant est très fort, les plantes aquatiques sont rares. En plaine, où la rivière est lente, tu peux trouver pratiquement les mêmes espèces que dans la plupart des étangs.

Un tapis fleuri

Dans les eaux vives, les renoncules sont les plantes les plus répandues. La « flottante » est solidement enracinée dans le sable. Ses tiges peuvent mesurer jusqu'à 6 m de long et ondulent dans le courant. Ses feuilles, découpées en lanières très longues et très fines, sont parfaitement adaptées aux eaux rapides. Au moment de la floraison, la rivière est couverte d'un tapis de petites fleurs blanches au cœur jaune.

Tapis de renoncules flottantes

Il y a plus de végétation sur la rivière lorsque celle-ci s'écoule lentement.

Feuilles de callitriche

La tête hors de l'eau

Dans les rivières plus lentes, tu rencontreras deux autres plantes. La callitriche (50 cm environ) aux feuilles en forme d'étoile, flottant en surface. La glycérie flottante (jusqu'à 1,50 m) aux feuilles vert vif, avec ses fleurs et ses graines en épi hors de l'eau.

Des boules et des rubans

Pour savoir si tu as affaire à un rubanier, c'est très simple. Les fleurs de ces plantes aquatiques sont groupées en boules le long d'une tige rigide. En haut, ce sont les boules blanches des fleurs mâles, et plus bas, les boules vertes des fleurs femelles. Quant aux feuilles, elles ressemblent à des rubans, d'où le nom de rubanier. Tu ne peux pas te tromper !

Rubanier

Salicaire commune

Lysimaque commune

Des berges en rose et jaune

En marchant au bord de l'eau ou en faisant du canoë, tu remarqueras sûrement sur les berges la salicaire commune et la lysimaque commune. La salicaire a des fleurs rose vif à six pétales qui poussent en petits groupes très près de la tige, tandis que les fleurs de la lysimaque sont jaunes et n'ont que cinq pétales. Ces deux belles plantes peuvent atteindre 1,50 m et colorent gaiement les berges.

Plantes envahissantes

La renouée du Japon et la balsamine de l'Himalaya ont été introduites en Europe pour décorer les rives. Elles sont très belles, mais malheureusement, l'eau a transporté leurs graines, de sorte qu'il y en a maintenant partout, et qu'elles étouffent les autres plantes des berges et des îles. Elles repoussent plus nombreuses chaque année et on ne sait pas comment s'en débarrasser.

Le petit monde des berges

Sans les berges, il n'y aurait pratiquement pas de vie au bord de l'eau. Que ce soit dessus, dedans ou dessous, elles offrent de nombreux abris aux animaux aquatiques, depuis les poissons jusqu'à la loutre.

Un cousin de la taupe

Le desman, curieux animal au museau en trompette, fait partie de la famille des taupes. On ne le trouve que dans les eaux vives des Pyrénées. Il habite les trous naturels de la berge et l'entrelacs des racines. Il chasse les insectes aquatiques grâce à ses pattes palmées et à sa queue qui lui sert de gouvernail.

Desman des Pyrénées

Carnivore et bicolore

La musaraigne aquatique creuse un réseau de galeries dans la terre des rives ou récupère celui d'une taupe. Elle ne s'éloigne pas de l'eau, où elle capture des insectes et des petits poissons. Son ventre clair tranche avec son dos plus foncé.

Musaraigne aquatique

Un serpent aquatique

Comme les autres habitants des berges, la couleuvre vipérine chasse dans l'eau mais se repose et se reproduit sur les rives. Quand elle ne profite pas du soleil, elle reste cachée sous les pierres.

Observe le cincle plongeur

Si tu restes bien tranquille au bord d'une petite rivière, tu peux assister à un très beau spectacle : la chasse du cincle plongeur.

1. Observe-le plonger dans l'eau et marcher à contre-courant au fond de la rivière pour attraper des insectes aquatiques. D'un coup de bec, il soulève les petites pierres et saisit les larves de phryganes.

2. Place-toi au-dessus de lui, tu le verras peut-être nager et remonter à travers l'eau transparente.

Le cincle plongeur
et son nid

La bergeronnette
des ruisseaux et son nid

Des nids près de l'eau

Le cincle plongeur et la bergeronnette des ruisseaux sont deux oiseaux familiers des rivières rapides. Leur nid est toujours construit très près de l'eau. Le nid de la bergeronnette est en coupe et celui du cincle en boule, fait avec de la mousse. Il arrive quelquefois qu'une bergeronnette utilise un vieux nid de cincle.

Un abri bien douillet

Le terrier de la loutre s'appelle une catiche. Ce mot vient du vieux français « se catir », qui signifie « se cacher dans un petit coin ». L'entrée de la catiche se trouve sous l'eau. La chambre où naissent les petits peut être sous les racines d'un gros arbre, dans les rochers ou dans une cavité naturelle, car la loutre n'aime pas creuser.

Les poissons aiment les berges

Il y a beaucoup plus de poissons dans les rivières bordées d'herbes, d'arbustes et d'arbres, que dans celles qui ont été recalibrées.

C'est tout simplement parce que les végétaux de la berge offrent des cachettes sous leurs racines, et permettent aux poissons de se protéger des prédateurs, de la chaleur et des crues.

Loutre rejoignant
ses loutrons
dans la catiche.

Sur la trace des mammifères

Les mammifères sont assez difficiles à voir car ils sont très méfiants. Grâce à leurs traces, tu sauras où ils vivent et où te poster pour tenter de les observer.

La loutre

L'empreinte présente cinq doigts en éventail. La patte avant tient dans un cercle de 6 cm de diamètre. La patte arrière mesure 6 x 8 cm.

3 à 5 cm

La crotte de la loutre s'appelle une épreinte. Elle est verdâtre ou noire, hérissée d'écailles et d'arêtes.

Le rat musqué

Ses empreintes ressemblent à celles du ragondin, en plus petit. Les pattes avant mesurent 3,5 x 4 cm, les pattes arrière 5 x 7 cm.

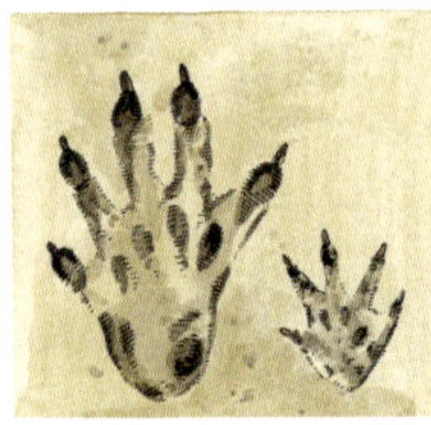

1 cm

Les crottes sont petites et noires. Elles sont souvent déposées en petits tas.

Le campagnol amphibie

Ses empreintes minuscules sont souvent en ligne dans la vase.

5 mm

Vertes ou noires, les crottes sont souvent en tas dans les herbes aquatiques.

Le vison d'Europe

L'empreinte des pattes avant mesure 3 x 3 cm, celle des pattes arrière 3 x 4 cm. La palmure est bien visible.

4 à 6 cm

La crotte est régulière, de la largeur d'un stylo bille. Elle contient des restes de poissons, de mammifères et d'oiseaux.

Le castor

Au bord de l'eau, les plus grandes empreintes sont celles du castor. Les pattes avant mesurent 3,5 x 4,5 cm, les pattes arrière 10 x 15 cm. La palmure de celles-ci apparaît souvent entre les cinq doigts.

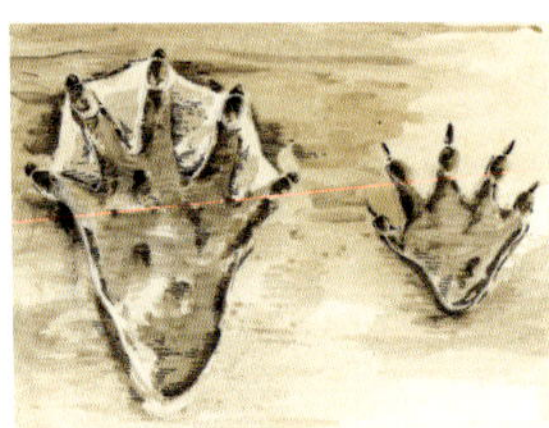

2 à 4 cm

La crotte est très légère car elle se compose de fibres végétales.

Le ragondin

Les doigts sont longs et fins et les griffes bien visibles. Les pattes avant mesurent 4 x 6 cm. Les pattes arrière, palmées, mesurent 8 x 11 cm.

4 cm

La crotte est verte ou noire, et ressemble à un cornichon.

Où et quand?

Le meilleur moment pour trouver des empreintes est celui où les plages de vase et de sable sont les plus grandes, c'est-à-dire quand le niveau de la rivière a baissé après une crue, ou lorsqu'il fait très sec et que les eaux sont basses. L'endroit idéal, c'est bien sûr la berge, s'il y en a une.

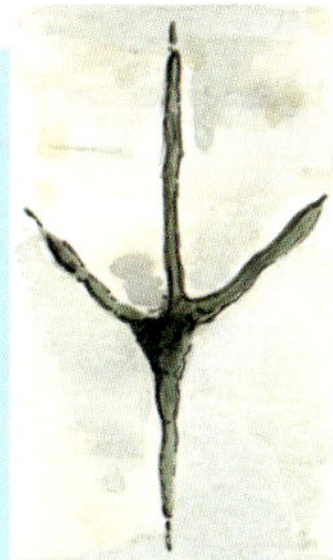

Héron cendré

Canard colvert

Héron et canard

Longues de 7 cm, avec trois doigts vers l'avant et un doigt vers l'arrière, l'empreinte du héron cendré est une des empreintes d'oiseaux les plus communes au bord de l'eau. Celle des canards est facile à reconnaître, grâce à la palmure apparente entre les doigts avant; le quatrième doigt, tout petit, est orienté vers l'arrière.

Réalise ton guide de traces

Pour constituer ton propre guide d'identification, prends l'habitude de dessiner les empreintes que tu observes. Si tu n'as pas identifié l'animal auquel elles appartiennent, tu pourras utiliser tes dessins pour les comparer aux livres à la maison.

- **1 carnet à carreaux et 1 crayon**
- **1 petite règle ou un mètre ruban**

1. Mesure d'abord l'empreinte repérée puis dessine-la à la taille réelle.

2. Regroupe ensuite les croquis dans un classeur ou colle-les sur les pages d'un cahier.

L'anguille et le saumon

L'anguille et le saumon atlantique sont deux très grands poissons migrateurs. Ils partagent leur vie entre la rivière et la mer, chacun en sens inverse.

Destins croisés

Alors que le saumon voit le jour dans une petite rivière, l'anguille naît dans la mer des Sargasses, à plus de 100 m de profondeur. Entraînée par le courant, sa larve atteint la côte au bout de 3 ans. Elle se transforme alors en civelle en remonte dans la rivière pour y grandir pendant 6 ans environ.
Le saumon, lui, grandit sur place pendant 1 ou 2 ans, puis descend vers la mer, où il grandit encore durant 2 à 5 ans.
Il remonte alors dans la rivière où il est né pour se reproduire et mourir, tandis que l'anguille doit pour cela rejoindre la mer des Sargasses.

Résistante !

L'anguille est capable de résister à la vidange d'un étang en hivernant dans la vase, et peut exceptionnellement se déplacer hors de l'eau en rampant sur l'herbe.

L'anguille est un bien curieux poisson : elle ressemble à un serpent et n'a pas d'écailles visibles.

Carte d'identité

Nom commun : **anguille**
Nom savant : *Anguilla anguilla*
Ordre : anguilliformes
Famille : anguillidés
Taille : 30 cm à 1,50 m
Poids : jusqu'à 500 g (mâle) et 4 kg (femelle)
Description : dos brun-vert, ventre jaune ou argenté, forme longue et mince
Nourriture : vers, mollusques, crustacés, poissons

Les civelles sont d'abord transparentes.

Un saumon sautant dans les rapides, quel spectacle !

Un très long trajet

Entre la rivière et la mer des Sargasses, les anguilles parcourent 4 000 à 6 000 km, en 6 à 8 mois. Les saumons atlantiques qui partent du Groenland font 6 000 km pour atteindre les côtes françaises. Ceux qui sont nés en Bretagne n'ont plus que 30 km à faire pour retrouver leur rivière, tandis que ceux de l'Allier doivent encore parcourir 900 km le long de la Loire et de l'Allier pour arriver sur les lieux de ponte. Ce trajet dure de 6 à 14 mois.

Au secours du saumon

Pour sauver le saumon de la disparition, on a élevé des individus en captivité, à partir d'œufs et de semence prises sur des adultes. Des alevins et de petits saumons de un an ont ensuite été relâchés dans la rivière. De plus, des passes à poissons ont été construites dans les barrages pour aider les saumons à remonter vers les frayères.

Il y a 2 siècles, le saumon se reproduisait dans presque toutes les grandes rivières de France. Il est maintenant beaucoup plus rare.

Carte d'identité

Nom commun : **saumon atlantique**
Nom savant : *Salmo Salar*
Ordre : salmoniformes
Famille : salmonidés
Taille : 50 cm à 1,30 m
Poids : jusqu'à plus de 20 kg
Description : corps gris argenté, ponctué de taches noires et rouges ; mâchoire inférieure du mâle adulte allongée et en forme de crochet
Nourriture : petits crustacés, poissons

De grosses pertes

Sur 7 500 œufs pondus par une femelle de saumon, on estime que 1 500 alevins survivent, 150 vont en mer, 4 reviennent en rivière et 2 seulement se reproduisent. Quant à la femelle d'anguille, elle pond plusieurs millions d'œufs avant de mourir.

Après la fécondation, il arrive qu'un brochet mâle finisse dans l'estomac de sa fiancée...

À chacun ses œufs

Presque tous les poissons se reproduisent sans accouplement. La femelle pond ses œufs et le mâle les féconde avec sa semence, appelée laitance. Mais il y a bien des manières de déposer ses œufs...

Un papa, des papas

Le mâle poisson-chat protège les 3 000 œufs pondus par la femelle jusqu'à leur éclosion, qui a lieu au bout de 8 jours. Les petits sortent alors du nid en forme de cuvette, abrité sous la berge. Chez le brochet, la femelle, beaucoup plus grosse que le mâle, a besoin de plusieurs pères pour féconder les presque 100 000 œufs pondus. Visqueux, ceux-ci se collent à la végétation.

Petits poissons-chats en boule

Œufs en ruban

Pour déposer sa ponte, la perche recherche des emplacements peu profonds avec beaucoup de végétation. Les œufs sortent dans une gaine visqueuse qui gonfle dans l'eau. Ce long ruban est enroulé par la femelle autour de la végétation, puis fécondé par le mâle. Une grosse perche peut pondre 300 000 ovules.

Pour la parade nuptiale, le mâle de l'épinoche se pare de couleurs très vives qui attirent les femelles.

Perche et ses rubans d'œufs

Chacun sa stratégie

Chez la plupart des poissons, les œufs fécondés sont abandonnés par les adultes, et donc à la merci du moindre danger (pollution, prédateurs...). Seule une petite proportion arrivera à l'éclosion. Pour compenser les futures pertes, ces poissons pondent une grande quantité d'œufs. D'autres, comme l'épinoche et le chabot, protègent les œufs jusqu'à leur éclosion. Il y a donc moins de pertes et le nombre d'œufs peut être plus faible. C'est une question de stratégie...

Transport gratuit

Les œufs de nombreux poissons sont collants. Ainsi, certains peuvent se retrouver collés aux pattes d'un canard, qui les transporte au loin. C'est ainsi que l'on peut voir apparaître une nouvelle espèce de poisson dans un étang où elle n'existait pas.

Un nid et une parade

Le mâle d'épinoche construit un nid avec des morceaux de plantes qu'il colle grâce à un produit sécrété par ses reins. Si une femelle pleine d'œufs passe à proximité, il parade pour l'inciter à venir pondre dans le nid. Une fois les œufs fécondés, il chasse la femelle comme si c'était un intrus, mais si une autre se présente, il recommence la même manœuvre. Chaque femelle pond 100 à 400 œufs, et le mâle en prend soin en ventilant régulièrement le nid.

À l'abri dans le gravier

La truite remonte vers les sources pour se reproduire dans une eau vive et peu profonde. Elle creuse le sable et pond environ 10 000 œufs que le mâle fécondera. Pour qu'ils ne soient pas emportés par le courant, la truite les recouvre de gravier.

Après avoir projeté sa laitance sur les œufs, le mâle de la truite les enterre en agitant vivement la queue.

La rivière s'élargit mais l'eau est encore vive.

La grande rivière

Plus elle descend vers la plaine, plus la rivière est large, profonde et lente. Les animaux changent… On s'éloigne progressivement de la rivière des eaux vives.

La brème

La brème est un grand poisson lent, au corps haut et aplati sur les côtés. Elle est parfaitement adaptée à la dernière zone des rivières, celle des grands méandres et des eaux chaudes où le fond est vaseux et l'eau trouble. Elle se nourrit d'insectes et de vers qu'elle aspire dans la vase.

La brème est un poisson grégaire, ce qui signifie qu'elle vit en groupe.

L'anodonte

En te promenant au bord de l'eau en été, tu verras facilement des grosses moules jaune-vert se déplacer sur le fond en laissant un sillon dans la vase. Ce sont des anodontes, des moules d'eau douce cousines de la moule perlière. Elles se nourrissent de petits organismes en suspension, qu'elles absorbent en filtrant l'eau avec leurs branchies.

Calcule l'âge d'une anodonte

- **1 loupe**

1. Ramasse des coquilles d'anodontes au bord de la rivière.

2. Avec une loupe, compte les anneaux de croissance sur une coquille. Chaque année, la moule grandit et fabrique un anneau de plus. Certaines peuvent atteindre 100 ans et même plus !

L'ombre et le barbeau

Entre les petites rivières et le grand fleuve se trouve une portion au lit élargi mais où les eaux sont encore courantes. C'est la zone à ombre et à barbeau. Le premier est un salmonidé, à la magnifique nageoire dorsale multicolore. Il chasse les vers, les insectes et les alevins. Le second est un poisson de fond. Il avance au milieu du sable et des galets à la recherche de petites bêtes, qu'il détecte à l'aide des quatre barbillons entourant sa bouche.

L'ombre

Le barbeau

Des points communs

Les poissons des grandes rivières sont pratiquement les mêmes que ceux des eaux stagnantes. Tu retrouveras dans les étangs le brochet, la carpe, la tanche, l'ablette et le gardon, ainsi que les petits animaux aquatiques, communs eux aussi aux eaux lentes et aux plans d'eau.

Le hotu

Le hotu se nourrit d'algues qu'il broute sur les pierres grâce à sa bouche orientée vers le bas et munie d'un bec corné.
À cause de la pollution, les algues sont de plus en plus nombreuses dans les rivières, et le hotu en profite, car il supporte bien la pollution organique.

À l'approche de la mer, la rivière est de plus en plus large et lente.

Guêpier d'Europe

Le méandre, refuge des oiseaux

Dans un seul méandre de rivière, tu pourras observer une grande quantité d'oiseaux différents. Cette richesse est due à la présence de milieux très variés sur une petite surface.

La falaise de sable

Les talus et les falaises de sable qui bordent les grandes rivières sont très recherchés par le guêpier, l'hirondelle de rivage et le martin-pêcheur. Sais-tu que ces oiseaux nichent au fond d'une galerie qu'ils creusent dans la paroi ? Le sable doit être assez mou pour pouvoir être creusé et assez dur pour ne pas s'effondrer sur la nichée.

La forêt des rives

De chaque côté des grandes rivières se développent des forêts, appelées forêts alluviales. Elles sont composées de saules, de peupliers et d'arbres qui aiment avoir les pieds dans l'eau. Ces grands arbres sont indispensables au héron cendré, à l'aigrette garzette et au bihoreau gris, qui nichent en colonie.

Le bras mort

À l'occasion des crues, la rivière change son cours. Elle abandonne parfois une partie de son ancien lit, qui devient alors un bras mort, où l'eau stagne. Le bras mort ressemble à un étang : canards et poules d'eau l'apprécient beaucoup.

Les buissons

Au bord de l'eau, les buissons abritent les nids de nombreux passereaux, comme les fauvettes, le rossignol et la bouscarle de Cetti. Ces oiseaux ne se montrent pas volontiers, mais tu pourras repérer le rossignol et la bouscarle à leur chant puissant et très facile à retenir.

Le sable et les galets

Les grands bancs de sable et les grèves de galets paraissent bien désertiques. Ils attirent pourtant la sterne pierregarin et la sterne naine, le petit gravelot, l'œdicnème criard et le chevalier guignette. Les sternes, le gravelot et l'œdicnème pondent à même le sol des œufs dont la couleur se confond avec le support. Le chevalier guignette, lui, préfère cacher son nid dans la végétation du bord de l'eau.

Le castor sélectionne chaque morceau de bois.

Au travail, le castor !

Le castor est un infatigable travailleur. Avec lui, les indices de présence sont nombreux, et tu n'auras aucun mal à les reconnaître.

Un barrage protecteur

Le plus important pour le castor, c'est la protection des petits à l'intérieur de la hutte. Pour cela, il construit un barrage qui maintiendra un niveau d'eau régulier. Ainsi, l'entrée du conduit menant à leur chambre reste en permanence sous l'eau quel que soit le niveau de la rivière.

La hutte

Le castor construit sa hutte avec un amas de branches coupées. Une grande partie n'est pas visible car elle se trouve sous l'eau. Seule la chambre reste émergée. Parfois, le castor profite d'un trou dans la berge ou les rochers, et la hutte ne sert qu'à en cacher l'entrée.

Manger à la cantine

Contrairement à ce que tu crois peut-être, le castor ne mange pas de bois. D'un arbre, il ne consomme que les feuilles et l'écorce des petites branches, qu'il met souvent à tremper pour qu'elles soient plus tendres. Les endroits où sont regroupées ces branches qui trempent sont appelés des réfectoires.

Le castor est sauvé

À force d'être chassé et piégé, le castor a failli disparaître. Il n'en restait que quelques dizaines en France au début du siècle dernier. À partir des années 1950, il a été réintroduit dans plusieurs rivières, ce qui a permis de le sauver de la disparition. Depuis 1968, il est protégé dans toute la France. Il vit aujourd'hui dans plus de 30 départements et continue de recoloniser les rivières.

Les arbres abattus par le castor sont le plus souvent tout au bord de la rivière.

Observe le castor

C'est au crépuscule que tu as le plus de chances de voir le castor. La meilleure période, ce sont les mois de juin et juillet. Il fait bon, les soirées sont longues et les petits s'aventurent hors de la hutte.

• **1 paire de jumelles**

1. Durant la journée, repère la hutte du castor et l'endroit où tu te posteras le soir venu : bien en face de la hutte. Rejoins ton poste d'observation avant la tombée de la nuit, sans oublier ta paire de jumelles.

2. Il te suffit maintenant d'attendre, sans bouger ni faire de bruit, le moment magique où le castor apparaîtra…

3. Si tu ne peux apercevoir le castor, inspecte le site qu'il occupe. Tu y trouveras sûrement des souvenirs à rapporter.

Branche taillée

Copeaux

Branchettes rongées

La taille en crayon

Pour abattre un arbre, le castor prend appui sur ses incisives supérieures et entaille le bois avec ses incisives inférieures. Celles-ci sont aussi tranchantes qu'un ciseau à bois. Si l'arbre est petit, il le taille d'un seul côté, sinon, il tourne autour du tronc. La base de l'arbre tombé ressemble alors à la pointe d'un gros crayon aiguisé.

Cet arbre a été taillé par un castor.

Qui mange qui ?

Si les chaînes alimentaires portent ce nom, c'est que dans la nature, tout est lié. Il suffit qu'un maillon manque pour que tout soit déréglé. Les milieux aquatiques en donnent un bel exemple.

L'infiniment petit

Tout commence avec l'énergie du soleil, qui permet aux végétaux de produire de la matière vivante. À la base de la chaîne alimentaire de la rivière, il y a donc les végétaux microscopiques du phytoplancton et les plantes aquatiques de plus grande taille. Ces producteurs constituent la base de l'alimentation des consommateurs.

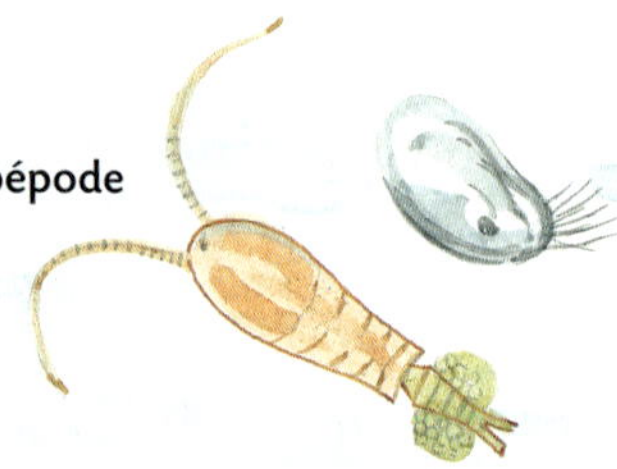

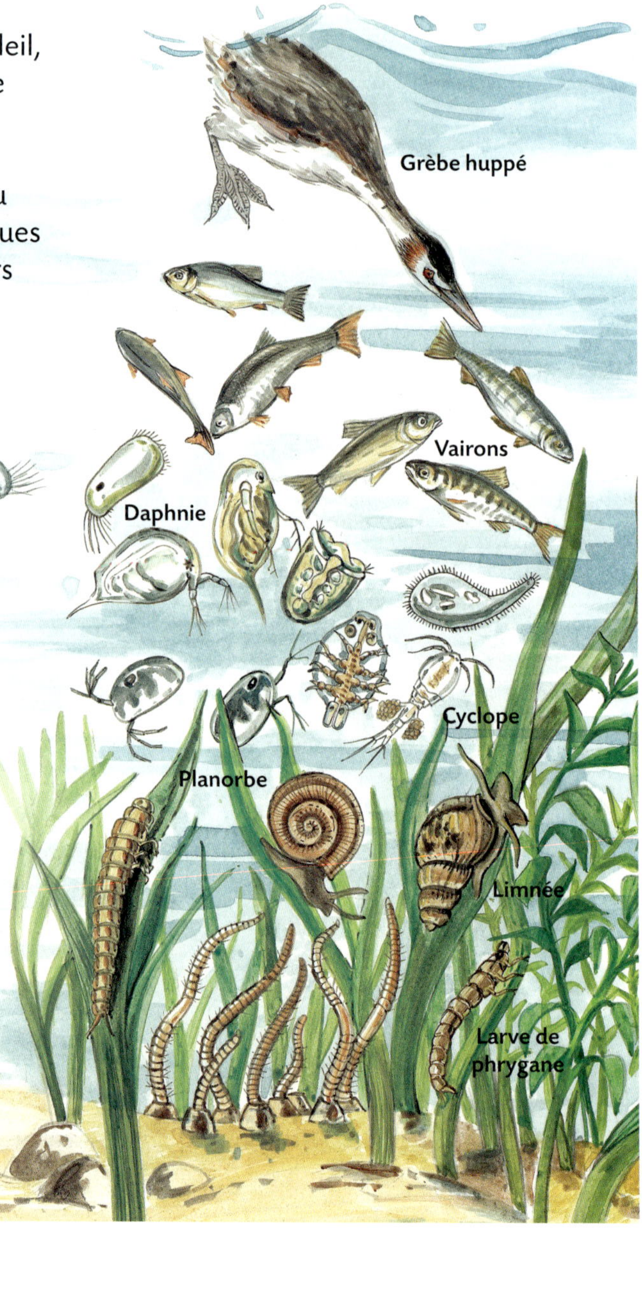

Les premiers consommateurs

Les premiers consommateurs sont les animaux microscopiques du zooplancton. Herbivores, ils se nourrissent de phytoplancton. Certaines espèces sont visibles à l'œil nu, comme par exemple les daphnies, qui mesurent 1 mm environ. D'autres consommateurs de végétaux sont encore plus grands, comme les larves de phryganes, les gammares et les escargots d'eau douce.

Les premiers prédateurs

Au stade suivant se trouvent les premiers prédateurs, c'est-à-dire des animaux qui en mangent d'autres. Ce sont les larves de certains insectes aquatiques, comme par exemple les larves de libellules. Ce sont aussi les alevins qui se nourrissent de petites proies. Toute cette petite faune alimente les poissons (tanche, carpe, ablette, vairon, goujon, etc.) qui mangent des vers, des larves et parfois des plantes.

Phyto ou zoo ?

Le mot plancton désigne les organismes microscopiques qui vivent en suspension dans l'eau. Certains sont des végétaux, on parle alors de phytoplancton, d'autres sont des animaux, regroupés sous le nom de zooplancton. Tu peux les voir seulement au microscope, mais ils sont essentiels à la vie des lacs et des rivières.

Les gros mangeurs

Les poissons carnivores et les oiseaux piscivores constituent le maillon suivant de la chaîne alimentaire de la rivière. Ce sont des animaux chasseurs, qui ne sont eux-mêmes que rarement chassés lorsqu'ils sont adultes : la truite, le brochet, le grèbe huppé, le héron, le martin-pêcheur, etc.

Ils ne craignent que nous

Tout au bout de la chaîne se trouvent les superprédateurs. Ils ne craignent personne à part l'homme. Chez les oiseaux, il y a par exemple le balbuzard pêcheur, qui plonge pour attraper les poissons. Chez les mammifères, on trouve la loutre, le vrai superprédateur des milieux aquatiques. Elle mange à la fois des petits et des gros poissons, comme le brochet, et même, de temps en temps, des grèbes et des hérons.

Les eaux boueuses d'une rivière polluée se mélangent à celles d'une rivière propre.

S.O.S. : rivière polluée

La rivière peut subir différent types de pollutions, plus ou moins graves selon les cas. Si tu veux agir contre ces pollutions, tu dois commencer par apprendre à les reconnaître.

La pollution mécanique

On parle de pollution mécanique lorsque l'eau est troublée artificiellement par de la vase ou du sable. Cela se produit par exemple près des carrières où l'on extrait du gravier. Les particules en suspension finissent par recouvrir le fond et étouffer les petits animaux. Elles peuvent même boucher les branchies des poissons.

La pollution chimique

La pollution chimique provient du rejet des eaux industrielles, et aussi des eaux agricoles qui contiennent des produits toxiques, comme par exemple les pesticides. Très difficile à éliminer, elle est aussi très grave car elle empoisonne les êtres vivants.

Autonettoyage

Une rivière a normalement la capacité d'éliminer naturellement une certaine quantité de pollution. L'oxygène dissous dans l'eau favorise en effet l'activité des bactéries qui éliminent la matière organique en trop grande quantité. Ce phénomène s'appelle l'auto-épuration.

La pollution organique

Lorsque les eaux de nos égouts et celles qui contiennent des engrais agricoles arrivent dans la rivière, elles apportent un excès de matières nutritives : c'est la pollution organique. La décomposition de cette matière organique consomme l'oxygène de la rivière et peut provoquer l'asphyxie des animaux.

Lorsque la pollution organique est forte, des algues vertes se développent.

La loutre, victime de la pollution.

Réaction en chaîne

La pollution agit à tous les niveaux de la chaîne alimentaire. Si les plantes de la rivière contiennent des polluants, les poissons herbivores qui s'en nourrissent vont en contenir, en plus grande quantité. De même pour les poissons carnivores qui vont à leur tour les manger. À chaque étape, les polluants sont de plus en plus nombreux et finissent par empoisonner la loutre, tout au bout de la chaîne.

Mesure la pollution d'une rivière

Pour savoir si la rivière est polluée ou non, il te suffit d'en examiner le fond et de soulever une pierre.

Si le fond est propre, l'eau transparente et qu'il y a du sable et des cailloux, tu as affaire à une rivière propre. Sous la pierre, tu trouveras des larves d'éphémères, de phryganes et de perles, ainsi que des planaires.

Dans une rivière propre :

Planaire

Larve de perle

Larve de phrygane

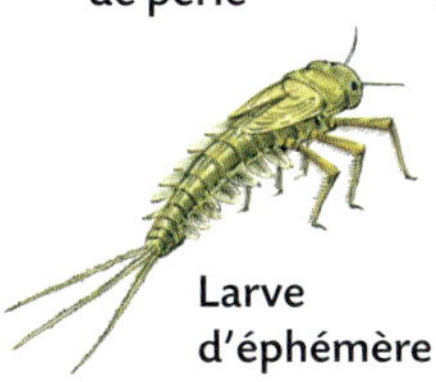

Larve d'éphémère

Si l'eau est trouble, que les pierres sont grasses, glissantes et recouvertes d'une couche marron, la rivière est polluée. Sous la pierre, tu trouveras des tubifex, des larves de chironomes et des sangsues.

Dans une rivière polluée :

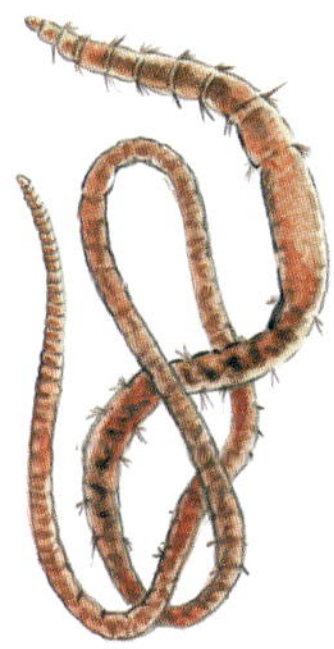

Tubifex

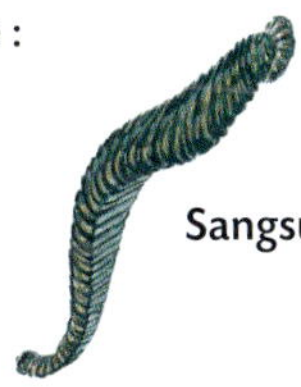

Sangsue

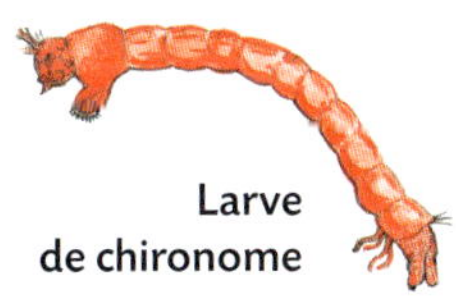

Larve de chironome

Parfaitement plate, la surface de l'étang permet de détecter et d'observer le moindre mouvement.

Au bord de

l'étang

L'étang et ses bordures regorgent de vie. Les eaux calmes abritent des poissons et des milliers de petits animaux. La surface est animée par les oiseaux aquatiques, tandis que la végétation des bords et la roselière abritent de nombreux nids et quantité d'insectes. Et l'étang te réserve bien d'autres surprises...

Une ceinture de plantes

Dans un étang, la répartition des plantes n'est pas due au hasard ; chaque espèce se développe à une profondeur particulière. Du bord au centre, tu découvriras des groupes de plantes très différents, qu'on appelle ceintures végétales.

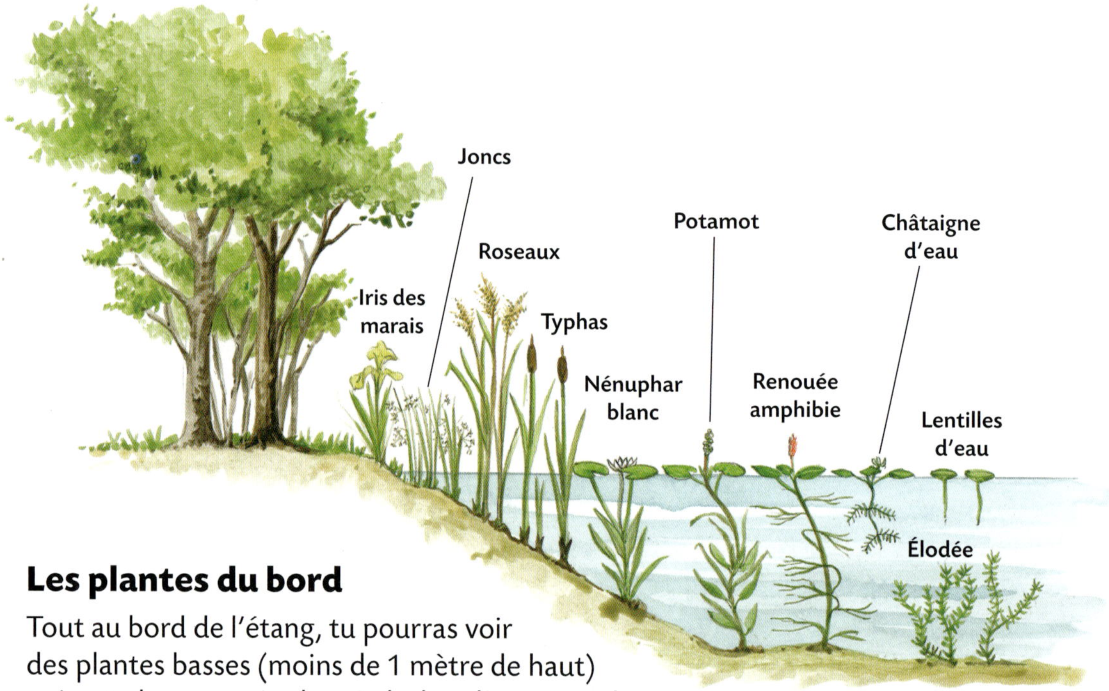

Les plantes du bord

Tout au bord de l'étang, tu pourras voir des plantes basses (moins de 1 mètre de haut) qui ont plus ou moins les pieds dans l'eau. Les plus communes sont les joncs, qui poussent en bouquets de tiges fines, et dont la feuille est réduite à une gaine, et les carex, aux grandes feuilles partant de la base. Très commun aussi, l'iris des marais est connu de tous grâce à ses belles fleurs jaunes.

La roselière

En pénétrant vraiment dans l'eau, on atteint la roselière, la plus importante ceinture végétale de l'étang. Ses grandes plantes, à la base et aux racines toujours immergées, peuvent faire plus de 2 m de haut. On y trouve le roseau (ou phragmite) dont le plumet marron-beige bouge au moindre souffle d'air. Et le typha, ou massette. Ses fleurs femelles forment un gros épi brun très compact, au-dessus duquel se trouve l'épi beaucoup plus mince des fleurs mâles.

Des arbres qui aiment l'eau

Au bord des étangs poussent des arbres qui aiment bien les sols humides. Tu y verras surtout l'aulne glutineux, très commun, y compris au bord des petites rivières. Tu reconnaîtras le peuplier noir à son tronc irrégulier. Tu admireras dans le vent le joli mouvement des feuilles du saule blanc, vertes dessus, argentées dessous. Et tu apprécieras l'ombre de tous ces arbres lors des journées très chaudes.

Quenouille végétale

Le typha est aussi appelé quenouille, à cause de son épi brun, dont la forme rappelle celle de la pièce en bois qu'utilisaient autrefois les femmes pour filer la laine.

Au-dessous et au-dessus

Quand la profondeur atteint plus de 1 m, les plantes poussent presque entièrement sous l'eau, à l'exception de certaines feuilles et des fleurs. La plus connue est le nénuphar aux grandes fleurs blanches. Les potamots ont des longues feuilles qui poussent aussi bien sous l'eau qu'en surface. Leurs fleurs vertes s'épanouissent en épis au-dessus de l'eau, comme celle de la renouée amphibie, que tu reconnais à ses épis de fleurs rose vif.

Nénuphar blanc

Immergées ou flottantes

Au-delà de 2 m de profondeur, les plantes sont soit enracinées et complètement sous l'eau, soit flottantes. Parmi les premières, on trouve l'élodée du Canada. Les autres sont les lentilles d'eau et l'étonnante châtaigne d'eau, à la forme géométrique.

Châtaigne d'eau

Explorer la roselière

La roselière est un monde secret, un peu comme une mini forêt vierge aquatique où la vie sauvage se cache.

On ne pénètre pas facilement dans la roselière.

Utile à tous

Les feuilles des roseaux fournissent la matière première nécessaire à la construction des nids des oiseaux. Les jeunes oiseaux qui ne savent pas encore voler peuvent se réfugier dans le dédale de ses grandes tiges. Mais la roselière a bien d'autres utilités. Elle abrite temporairement un grand nombre d'animaux qui rejoindront ensuite l'eau libre. Elle protège les œufs des poissons et ceux des libellules qui pondent sur les tiges. Elle sert également de reposoir et de nourriture aux insectes, dont se nourrissent à leur tour certains oiseaux.

Un abri précieux

La roselière présente le double avantage d'offrir de nombreux perchoirs et d'être un endroit très tranquille. À partir de la fin de l'été, des milliers d'oiseaux viennent y passer la nuit. Les hirondelles s'y rassemblent avant le grand départ pour l'Afrique. Les étourneaux, qui se regroupent en automne et en hiver, s'y retrouvent également, ainsi que d'autres passereaux, comme les pipits et les bruants des roseaux.

Les petits passereaux tels que les rousserolles ou la mésange à moustaches savent bien profiter de la forêt de tiges de la roselière pour y fixer solidement leur nid.

Foulques macroules et leur nid

Près de l'eau

Au milieu, sur des tas de végétaux, s'installent le héron pourpré, le busard des roseaux, le blongios nain et le butor étoilé. En bordure, dans les touffes des végétaux ou sur des radeaux, tu pourras observer à la longue-vue les nids du grèbe huppé, de la foulque macroule, de la poule d'eau, du canard colvert, ou celui du cygne, immense. Pour tous, la roselière est une excellente protection.

L'hôte des roseaux

Le phragmite est l'autre nom du roseau, mais c'est aussi un nom d'oiseau. Il y a le phragmite des joncs, qui niche chez nous entre autres dans les roselières. Et il y a le phragmite aquatique, qui niche dans l'Est de l'Europe et passe l'hiver en Afrique. Durant sa migration, il profite de nos roseaux, où il trouve un abri, ainsi que des milliers de pucerons sur les feuilles. De quoi reprendre des forces pour la route !

Hérons pourprés au nid

Grèbe huppé sur son nid

Oiseaux-pêcheurs

Qu'ils mangent des végétaux ou des poissons, les oiseaux de l'étang ont une morphologie et des techniques de pêche parfaitement adaptées à leur régime alimentaire.

Foulque macroule

En surface

Les cygnes et certains canards ne plongent pas : ce sont des oiseaux de surface. Ils se contentent d'enfoncer la tête dans l'eau pour atteindre les végétaux. Souvent, ils redressent leur derrière pour gagner de la profondeur. La poule d'eau ou la foulque macroule font de même quand le fond n'est pas trop loin, mais plongent parfois en cas de nécessité. Ils se nourrissent aussi de petits animaux.

Les plongeurs

Le grèbe castagneux capture des insectes et des petits poissons, tandis que le grèbe huppé est capable d'aller chercher un poisson à près de 30 m de profondeur. Le fuligule milouin descend seulement à 5 m pour se régaler d'herbes et d'invertébrés aquatiques. En pêchant à des profondeurs différentes tous se répartissent la nourriture sans jamais se concurrencer.

Balbuzard pêcheur

Repérage aérien

Plusieurs oiseaux repèrent leurs proies en survolant l'étang. Le milan noir se contente de prendre dans ses serres les poissons morts qui flottent à la surface. Le balbuzard pêcheur pique violemment dans l'eau, les serres en avant. Lorsqu'il a capturé un gros poisson, il a parfois du mal à ressortir de l'eau et à redécoller. La guifette moustac a un vol très gracieux et ne prend que des petits poissons.

Observe à la longue-vue

Installe-toi au bord d'un étang pour observer à la longue-vue. La grande surface régulière qui s'étend devant toi est un endroit idéal pour repérer les animaux. En scrutant la bordure de végétation de l'autre côté de l'étang, tu pourras voir des oiseaux que tu n'avais même pas détectés avec tes jumelles.

À l'affût

Le martin-pêcheur a une technique de pêche bien à lui : l'affût. Il choisit pour cela un perchoir au-dessus d'un endroit calme, d'où il peut voir les poissons. Une fois sa proie repérée, il pique vivement dans l'eau. Ses couleurs extraordinaires font de son plongeon un des plus beaux spectacles de l'étang.

Les pieds dans l'eau

Hérons cendrés, bihoreaux gris et aigrettes ont un mode de pêche plus statique. Ils scrutent l'eau en restant immobiles ou marchent doucement en remuant le fond avec leurs pattes. Si un poisson apparaît, il est capturé d'un coup de bec foudroyant.

Bihoreau gris

Le royaume des petites bêtes

Depuis le fond vaseux jusqu'à la surface, l'eau des mares et des étangs accueille des invertébrés de toutes sortes : vers, crustacés, mollusques, insectes…

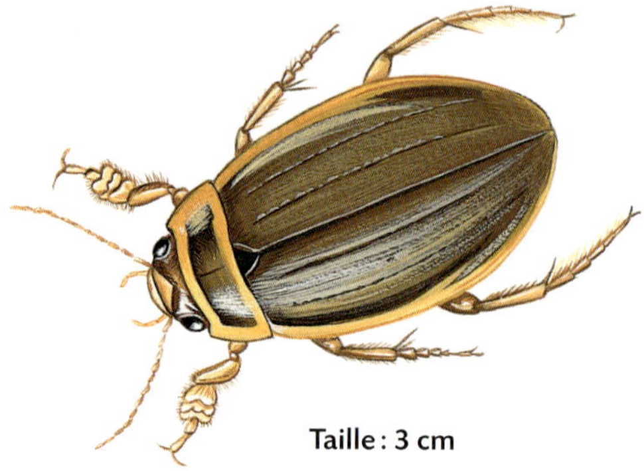

Taille : 3 cm

Le dytique bordé est un coléoptère aquatique. Il fait une provision d'air sous forme d'une bulle à l'extrémité de son abdomen.

La nèpe, cette punaise aquatique, respire grâce à un tube à l'arrière du corps, qu'elle sort de l'eau en se mettant tête en bas.

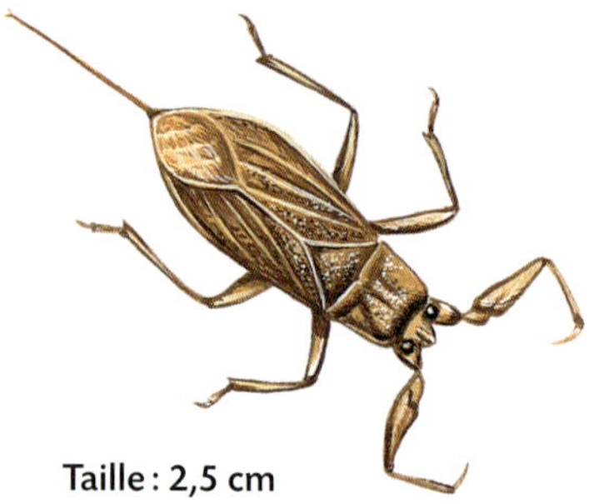

Taille : 2,5 cm

Taille : 3 cm

La limnée pond souvent ses œufs sous les feuilles de nénuphar.

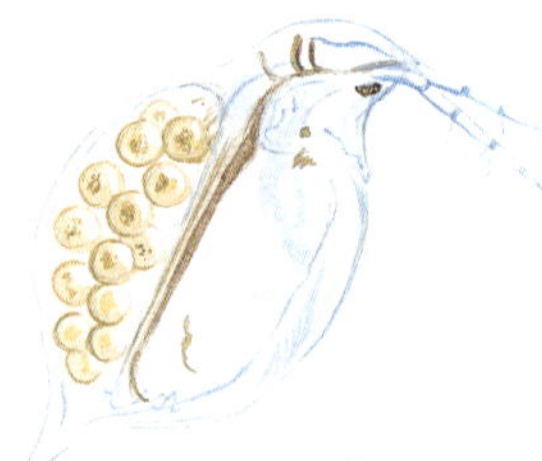

Taille : 2 mm

La daphnie est un petit crustacé à la carapace transparente. On peut voir ses œufs à travers.

Comme la limnée, la planorbe est un escargot d'eau douce qui broute la végétation avec sa langue râpeuse.

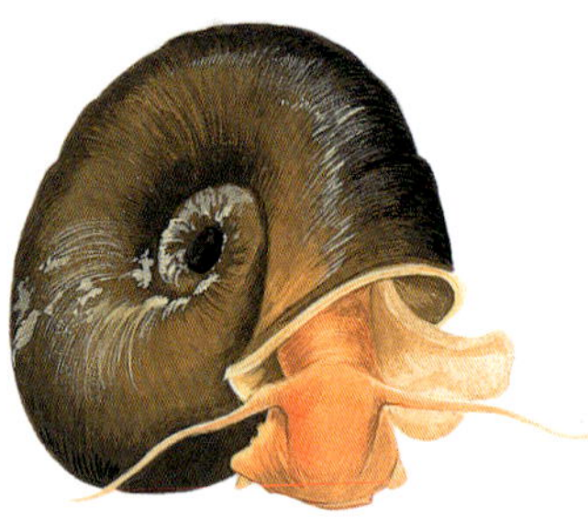

Taille : 2,5 cm

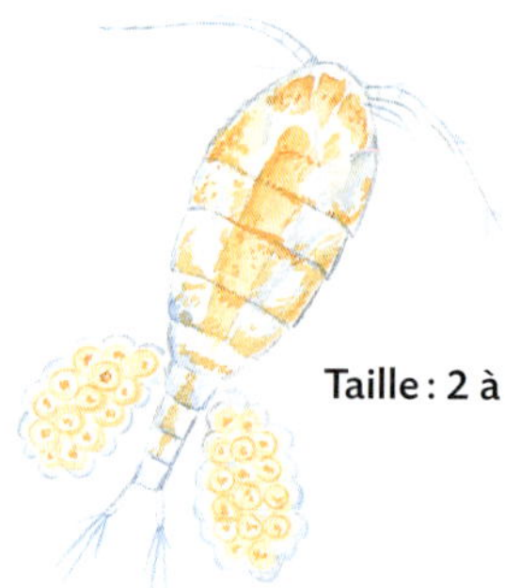

Taille : 2 à 3 mm

Le cyclope a une bien curieuse allure ! Ce crustacé porte ses œufs dans deux sacs de chaque côté du corps.

Taille : 1 cm

L'aselle se nourrit de débris organiques. Elle porte ses petits dans une poche ventrale.

Les tubifex sont des vers aquatiques qui vivent dans des tubes et se regroupent en colonies.

Taille : 0,5 à 4 cm

Les chasseresses

L'étang héberge deux araignées extraordinaires : la dolomède et l'argyronète. La dolomède chasse les insectes qui tombent à l'eau. Elle sait plonger et porte ses œufs sous la forme d'une grosse boule sous son ventre. L'argyronète fabrique sous l'eau une sorte de cloche avec de la soie et y emprisonne de l'air pour pouvoir respirer. Pour ses œufs, elle fait un étage supplémentaire au-dessus de la cloche.

Dolomède transportant ses œufs

Les « patineurs »

À cause de leur allure, le gerris et l'hydromètre sont souvent appelés « araignées d'eau ». Ce sont en réalité des insectes. Ils portent aussi le nom de « patineurs d'eau », ce qui leur va mieux car ils se déplacent sur l'eau sans couler. Pour cela, ils possèdent sous les pattes arrière des poils qui ne se mouillent pas.

Les carnassiers

La nèpe et la ranatre ont en commun d'être très voraces et de capturer leurs proies avec leurs pattes avant, qui se replient comme des lames de canif.
La notonecte et le dytique bordé sont carnivores tout au long de leur vie.
Le dytique est capable de capturer des petits poissons, des têtards, des tritons.
La notonecte nage sur le dos, juste sous la surface de l'eau.

Crée un hublot pour regarder sous l'eau

- **un petit seau en plastique**
- **du plastique transparent**
- **un grand élastique**

1. Découpe proprement le fond du seau (fais attention de ne pas te blesser) et remplace-le par le plastique, que tu fixeras autour du seau avec un élastique bien solide.

2. Avec ce hublot, tu vas pouvoir regarder les petits animaux de l'étang comme si tu avais la tête dans l'eau.

Gracieuses libellules

Les libellules sont parmi les animaux les plus gracieux que tu peux voir au bord de l'eau. Ce sont aussi de redoutables chasseresses, dont tu ne te lasseras pas d'observer les comportements.

Même quand elles s'accouplent, les libellules restent gracieuses.

Il y a libellule et libellule

Il existe deux sortes de libellules : les demoiselles et les libellules. Les premières sont petites, ont un corps long et mince, quatre ailes identiques et des yeux bien séparés. Plus grandes et plus trapues, les secondes ont des yeux plus gros et rapprochés et des ailes postérieures plus larges que les ailes antérieures.

Quel beau couple !

L'accouplement des libellules est un très beau spectacle. Chez les petites demoiselles, le mâle saisit la femelle derrière la tête et celle-ci relève la base de son abdomen sous celui du mâle. L'ensemble forme une figure qui ressemble à un cœur... un beau symbole pour une union.

Ailes relevées, c'est une demoiselle...

... ailes à plat, c'est une libellule.

Dans les guides

Les spécialistes nomment les libellules « odonates ». Les demoiselles portent le nom de zygoptères et les autres libellules celui d'anisoptères.

Des larves voraces

Les larves de libellules possèdent une lèvre inférieure munie d'un crochet au bout. On l'appelle le masque. Au repos, le masque est recourbé et replié sous la tête. Quand la larve approche d'une proie, elle détend son masque et saisit sa victime avec le crochet.

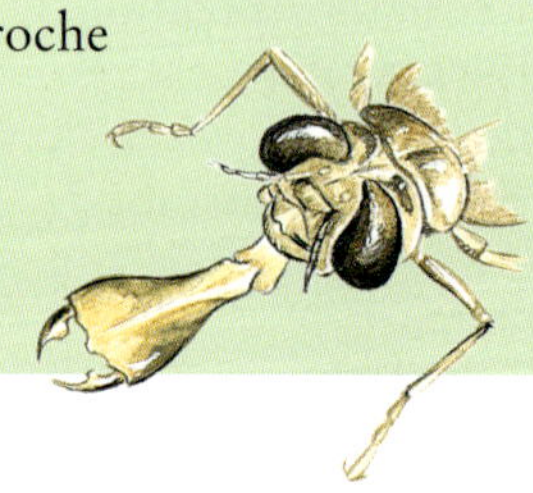

Le cycle de vie

Les libellules pondent soit directement dans l'eau, soit dans la tige d'une plante aquatique. Après l'éclosion, la larve vit dans l'eau pendant un à quatre ans. Quand elle se transforme en nymphe, elle sort de l'eau et se fixe à une plante. Sa peau se fend et la libellule adulte émerge et déploie ses ailes. Après un temps de séchage, elle peut enfin s'envoler. L'enveloppe sèche et vide qui reste accrochée à la plante s'appelle l'exuvie.

1 - La femelle pond dans une tige de plante aquatique.

2 - La larve passe plusieurs années dans l'eau.

3 - La libellule adulte émerge.

Chasser en vol

Les demoiselles ne sont pas des championnes du vol. Elles sont lentes et ont des difficultés à se déplacer par grand vent. Les libellules, elles, sont très rapides. Elles peuvent faire des accélérations très utiles pour fuir ou capturer une proie. Elles peuvent aussi faire du surplace et de la marche arrière grâce aux battements très rapides de leurs ailes.

Qui est qui ?

L'identification des libellules est parfois une affaire de spécialistes. Tu peux tout de même reconnaître assez facilement quelques espèces.

Un manteau d'écailles

L'étang accueille bien sûr des poissons, qui passent leur vie entière dans l'eau. Tu peux y voir des reptiles, qui ont eux aussi des écailles, et peuvent se rencontrer hors de l'eau.

Brochet

Ablette

Gardon

Perche

Les plus nombreux

Les gardons et les ablettes sont nombreux. Ils vivent en bande et nagent souvent près de la surface. Ils se nourrissent de petits animaux : insectes, vers, mollusques. Quand les ablettes sont poursuivies par un poisson carnivore, certaines sautent parfois hors de l'eau, provoquant de beaux éclats argentés.

Les carnivores

Les perches, très communes dans les étangs, sont de grandes chasseuses d'ablettes et de gardons. Mais elles doivent se méfier car elles peuvent être à leur tour dévorées par le brochet. Celui-ci ne craint aucun animal hormis la loutre. Il attaque presque tous les poissons, sauf s'ils sont trop gros, et même les canetons et les jeunes grèbes, qu'il surprend par dessous.

Carpe

Tanche

Ceux du fond

Au fond des étangs vivent la tanche et la carpe, deux espèces lentes qui aiment les eaux chaudes et stagnantes. Elles fouillent la vase pour manger des larves d'insectes, des mollusques et des débris de végétaux.

Tranquille, l'étang a l'air presque inhabité. Pourtant, il grouille de vie...

Le serpent des étangs

La couleuvre à collier est très aquatique. Quand elle ne dort pas au soleil sur une touffe de joncs, elle nage pour chasser les petits animaux des étangs. En ouvrant très largement sa gueule, elle peut avaler un batracien ou un campagnol amphibie.

Inoffensive

La couleuvre à collier n'est pas du tout dangereuse. Elle n'a pas de venin et se contente de souffler pour impressionner quand elle est menacée.

Couleuvre à collier

La cistude, tortue d'eau douce très menacée

Une tortue de chez nous

À partir du mois d'avril, regarde attentivement les bords des étangs avec tes jumelles. Tu auras peut-être la chance de voir une cistude prenant son bain de soleil sur une souche. Tu reconnaîtras cette tortue d'eau douce à sa carapace peu bombée et à son corps sombre ponctué de jaune. La cistude chasse les insectes aquatiques, les petits poissons et les grenouilles. Elle s'accouple dans l'eau mais pond ses œufs sur la terre ferme. Durant l'hiver, elle s'enfonce dans la vase.

Cette grenouille verte s'est posée sur un nénuphar.

Dans la famille batraciens

Crapauds, grenouilles, tritons et salamandres… au printemps, les étangs et les mares attirent de très nombreux batraciens.

Couple de grenouilles rousse et leur ponte

Rousse ou agile ?

La grenouille agile est ainsi appelée parce que ses grandes pattes lui permettent de faire des bonds remarquables. Elle ressemble beaucoup à la grenouille rousse, mais il existe un truc pour les différencier, qui consiste à ramener une patte arrière vers l'avant. Chez la grenouille agile, la patte dépasse nettement le bout du museau, tandis que celle de la grenouille rousse arrive juste au niveau du museau ou un peu en dessous.

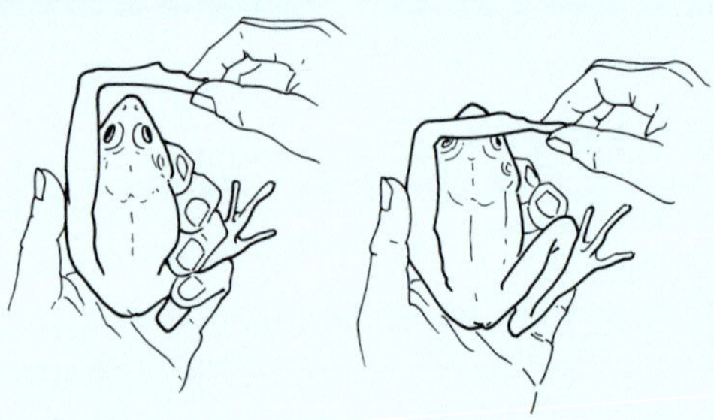

Grenouille agile   Grenouille rousse

Pas toujours dans l'eau

Pour de nombreux batraciens, comme la grenouille rousse et la grenouille agile, l'eau n'est indispensable que pour la reproduction. L'étang accueille leurs ébats amoureux, leurs pontes et le développement des larves. Le reste du temps, ces animaux se dispersent dans les prairies et les bois. Seule la grenouille verte passe toute l'année dans l'étang.

Grenouille agile

Une grenouille dans les arbres

Grâce à ses longs doigts muni de ventouses, la rainette verte trouve toujours le moyen de se raccrocher lorsqu'elle saute dans la végétation. Elle peut ainsi chasser les insectes dans les herbes, les buissons et les arbres du bord de l'étang.

Un habit de noces

Pour la saison des amours, les mâles de tritons revêtent une parure spéciale, destinée à séduire les femelles. Chez le triton palmé, ce sont des palmures noires aux pattes arrière et un filament noir au bout de la queue. Chez le triton marbré, à la belle livrée noir et vert, c'est une crête dorsale au bord droit, tandis que celle du triton crêté est en dents de scie. Quant au triton alpestre, il présente un ventre orange vif et une jolie bande bleue sur chaque flanc. À chacun sa robe de mariée !

Triton palmé mâle

Triton marbré mâle

Triton crêté mâle

Triton marbré femelle

En jaune et noir

Avec sa peau brillante d'un noir très dense parsemé de taches jaune clair, la salamandre tachetée est impossible à confondre. Tandis que les autres batraciens pondent des œufs, elle donne le jour à de petites larves qui ressemblent à des tritons.

Triton alpestre mâle

Salamandre tachetée

De vieilles croyances

On croyait autrefois que la salamandre tachetée venait de l'enfer, d'où elle détenait ses couleurs : le noir des ténèbres et le jaune des flammes. Elle avait aussi la réputation d'être capable d'éteindre le feu, et elle était l'emblème du roi François Ier.

Grenouille verte et crapaud commun

La grenouille verte et le crapaud sont les deux batraciens que tu rencontres le plus facilement au bord de l'étang. Mais les connais-tu vraiment ?

Couple de grenouilles vertes et leur ponte en amas

Aquatique ou terrestre ?

La grenouille verte est aquatique et très casanière. Elle ne quitte persque jamais l'étang, même en hiver, car elle hiberne dans la vase. Le crapaud, lui, est plutôt terrestre. Il vit dans un rayon de quelques centaines de mètres à quelques kilomètres autour de la mare où il est né. Il n'y revient qu'une fois par an, en mars-avril, pour s'accoupler et pondre.

Un couple impossible

Le crapaud n'est pas le mâle de la grenouille : il y a des mâles et des femelles chez les crapauds communs, comme chez les grenouilles vertes. Ce sont deux espèces bien différentes qui ne peuvent s'accoupler pour se reproduire !

Carte d'identité

Nom commun : **grenouille verte**
Nom savant : *Rana esculenta*
Ordre : anoures
Famille : ranidés
Taille : 8 à 13 cm de long
Description : peau verte tachée et rayée de noir
Particularité : la grenouille verte est en réalité le résultat d'une hybridation entre deux espèces, la grenouille rieuse et la grenouille de Lessona (appelée aussi petite grenouille verte)

Vus de dessus

La grenouille verte a une peau lisse et brillante, tandis que le crapaud commun a une peau sèche, un dos verruqueux et un ventre granuleux. Il possède aussi deux grosses glandes, bien visibles derrière les yeux.

Des pontes bien différentes

Que ce soit chez la grenouille ou chez le crapaud, il n'y a pas de véritable accouplement. Cramponné au dos de la femelle, le mâle féconde les œufs au fur et à mesure de la ponte. Chez la grenouille verte, les œufs forment une grosse boule gélatineuse qui tombe au fond de l'eau. Chez le crapaud commun, les milliers d'œufs sont contenus dans des chapelets, qui sont fixés à la végétation du bord et profiteront des rayons du soleil.

Couple de crapauds communs et leur ponte en chapelets

Carte d'identité

Nom commun : **crapaud commun**
Nom savant : *Bufo bufo*
Ordre : anoures
Famille : bufonidés
Taille : 9 à 19 cm de long
Description : peau gris-marron, plus ou moins tachée ou rayée ; la femelle est beaucoup plus grande que le mâle ; œil rouge orangé
Particularité : migre en grand nombre au printemps pour rejoindre ses lieux de ponte

Défends le crapaud

La grenouille a toujours eu une bonne réputation. On dit qu'elle prédit le temps, et il existe de nombreux objets et jouets en forme de grenouille. Le crapaud est au contraire un mal aimé, proche des empoisonneurs et des sorcières. Il est pourtant tout aussi pacifique et utile que la grenouille. À toi de le réhabiliter.

Hécatombe sur les routes

Chaque année, des milliers de crapauds communs se font écraser lorsqu'ils traversent les routes pour rejoindre leurs lieux de ponte. Pour éviter ce massacre, on leur construit parfois des crapauducs, qui sont des passages souterrains leur permettant de migrer en toute tranquillité.

Hutte de rat musqué

Attention : envahisseurs !

Nos étangs accueillent aujourd'hui des espèces inconnues chez nous jusqu'au XIXe siècle. Ce n'est pas nécessairement une bonne nouvelle...

Une triste histoire

Entre 1900 et 1940, des éleveurs ont fait venir des ragondins, des rats musqués et des visons d'Amérique pour leur fourrure. Par la suite, certains élevages ont été abandonnés et des animaux s'en sont échappés. Ainsi, trois nouvelles espèces ont colonisé nos rivières et nos étangs.

Ragondin

Venu d'Amérique du Sud, le ragondin peut peser jusqu'à 10 kg. Ses moustaches sont blanches et sa queue ronde. Il vit dans des terriers. Les galeries qu'il creuse font parfois s'effondrer les digues des étangs et les berges.

Rat musqué

Le rat musqué vient d'Amérique du Nord. Il pèse au maximum 1,5 kg. Il a des moustaches noires et une queue aplatie latéralement. Il vit dans des terriers et construit une hutte de végétaux l'hiver. Il fait les mêmes dégâts que le ragondin.

Vison d'Europe

Vison d'Europe

Vison d'Amérique

Le vison d'Amérique entre en concurrence avec le vison d'Europe, déjà très rare et menacé. À peine plus gros, il ressemble beaucoup à son cousin local dont seule la répartition des taches blanches le distingue.

Petite tortue deviendra grande

Si tu vois une tortue dans un étang, c'est peut-être une cistude, mais peut-être aussi une tortue de Floride. Comme son nom te le laisse deviner, cette tortue n'est pas originaire de nos plans d'eau. Si elle s'y trouve, c'est que la personne qui l'a achetée s'en est débarrassée lorsqu'elle est devenue encombrante. Comme la tortue de Floride est très résistante, elle a souvent éliminé la cistude, déjà très menacée par la destruction des milieux aquatiques.

La tortue de Floride présente des bandes rouges sur les joues.

Installés à vie

La perche soleil et le poisson-chat ont été introduits pour la pêche. Ces deux poissons très voraces se sont multipliés et dévorent les petits des autres espèces. Le poisson-chat résiste très bien à la pollution et survit même à la vidange des étangs en restant enfoui très longtemps dans la vase. On ne pourra plus jamais s'en débarrasser.

Poisson-chat

Perche soleil

Des chapeaux et du pâté

On fabrique encore des chapeaux avec la fourrure du ragondin. Avec sa chair, on prépare du pâté, dont le goût ressemble un peu à celui du pâté de lièvre.

Attention au coup de tête !

Si tu craques pour une tortue exotique, renseigne-toi bien car la plupart des tortues sont protégées par la loi et leur vente interdite. Sache aussi que tu t'engages pour des dizaines d'années. Si tu changes d'avis, ne relâche pas ta tortue dans un étang mais confie-la à un centre de soin.

Les zones difficiles d'accès sont utilisées comme refuge par des animaux devenus rares, comme ces bouquetins.

En montagne

En montagne, le changement rapide d'altitude crée une succession permanente de paysages. Le relief y est accidenté mais, après seulement quelques kilomètres de montée, on peut voir au loin. Et découvrir vallées, falaises, pentes vertes et sommets enneigés.

Lacs d'altitude

Contrairement aux lacs de barrage, les lacs de montagne sont naturels. Ils ont été creusés par les glaciers. Ils diffèrent selon leur taille et leur altitude.

Les lacs verts

Les lacs qui se trouvent entre 1 500 et 2 000 m d'altitude sont gelés pendant six à huit mois de l'année. Avec leur ceinture végétale, ils ressemblent un peu à des étangs. Ils contiennent beaucoup de matière organique, ce qui leur donne une couleur verte. On y trouve les mêmes espèces de poissons que dans les rivières d'eaux vives (truite, vairon, chabot), avec en plus un poisson particulier des lacs froids : l'omble chevalier.

Les lacs bleus

Vers 2 400 m, la température baisse. En été, l'eau n'est pas à plus de 9 °C. Le lac est gelé neuf mois sur douze. Il n'y a presque plus de végétation et seuls la truite fario et l'omble chevalier peuvent y vivre. Les eaux sont très limpides.

72 km

C'est la longueur du lac Léman. À peine moins (64 km) pour le lac de Constance... certains lacs des Alpes ressemblent à de veritables mers intérieures.

En Savoie, un lac vert plein de promesses pour les pêcheurs.

Les lacs blancs

Au-dessus de 2 500 m, les conditions climatiques sont très rudes. Il gèle pendant dix mois et l'épaisseur de la glace peut atteindre 2 m. Il n'y a pratiquement plus de vie végétale ou animale. Quand elles ne sont pas gelées, les eaux ont un aspect blanchâtre, ce qui explique le nom donné à ces lacs.

Les eaux blanchâtres d'un lac savoyard.

Les lacs de tourbière

En se retirant, les glaciers ont laissé derrière eux des cuvettes d'où l'eau ne peut pas s'échapper. Elle est en quelque sorte piégée depuis 10 000 ans. Certaines tourbières sont entièrement comblées par la végétation, tandis que d'autres ont encore en leur centre un beau lac bordé de végétaux.

Le lac de l'Esclauze, en Auvergne, est un très beau lac de tourbière.

Les lacs de cratères

Dans les montagnes d'Auvergne des lacs se tiennent dans des cratères de volcan. Ils sont le résultat d'une gigantesque explosion provoquée par l'entrée en contact du magma incandescent et de l'eau de surface. Il s'ensuit la formation brutale d'un grand cratère, qui par la suite se remplit d'eau. Le plus profond, le lac Pavin (*ci-contre*), atteint 90 m.

De bas en haut

Si les paysages sont très variés en montagne, c'est grâce aux changements rapides d'altitude. De la vallée aux plus hauts sommets, on distingue plusieurs étages, occupés par des végétaux et des animaux différents.

1 - L'étage collinéen court jusqu'à 900 m. On y trouve les vallées, les villages et les dernières cultures. Les prairies sont fauchées. Le paysage est entièrement modelé par l'homme.

2 - Entre 900 et 1 500 m, se trouve l'étage montagnard. C'est le règne de la forêt mixte même si l'habitat des hommes est encore présent.

3 - L'étage subalpin s'élève entre 1 500 et 2 200 m. Ici, on ne trouve plus que des conifères et de rares habitations, le plus souvent des cabanes de bergers.

4 - Entre 2 200 et 3 000 m, s'étend l'étage alpin. Les pelouses et les zones rocheuses forment de vastes étendues. La pente est de plus en plus forte et il y a de moins en moins d'arbres.

5 - Au-delà de 3 000 m, c'est l'étage nival. Le climat est très rude. Il n'y a plus que du minéral et de la neige. On parle de « neiges éternelles » car elles ne fondent pratiquement jamais.

Chamois

Bouquetins et chamois

Les belles pelouses vertes et les bonnes herbes cachées au milieu des rochers sont très attirantes pour les chamois et les bouquetins, qui montent jusqu'à 4 000 m en été. En hiver, la neige rend l'accès à la nourriture très difficile et ils redescendent. Le bouquetin reste dans les zones rocheuses, recherchant les endroits les moins enneigés. Le chamois se réfugie dans la forêt et peut même s'approcher des vallées lorsque l'hiver est trop rigoureux.

Le lièvre variable et la marmotte

Pendant la belle saison, le lièvre variable ne descend guère en dessous de 2 000 m d'altitude. Le froid venu, il recherche des zones plus basses, aux environs de 1 000 m et fréquente les crêtes où le vent chasse la neige et dégage l'herbe. La marmotte, elle, reste à la même altitude toute l'année car elle est fidèle à son terrier, où elle hiberne d'octobre à avril.

Les familles de roches

La Terre est née il y a 4,6 milliards d'années. Depuis, des phénomènes externes et internes transforment les paysages de notre planète.

En perpétuel mouvement

La Terre est formée d'une succession de couches, un peu comme un oignon. La couche sur laquelle nous vivons s'appelle la croûte terrestre. Elle est découpée en grandes plaques tectoniques qui bougent. Lorsque les plaques s'éloignent, les océans grandissent. Quand elles se rapprochent, elles rentrent en collision, se plissent et forment des chaînes de montagne, par exemple les Alpes. Chaque jour, le vent et l'eau usent les montagnes : c'est le phénomène d'érosion.

Des montagnes qui fument

L'intérieur de la Terre est très chaud. Comme une Cocotte-Minute, notre planète a besoin d'évacuer sa chaleur pour ne pas exploser et a trouvé pour cela un bon moyen : des volcans, qui dégagent de la chaleur à chaque éruption. Si le magma est fluide, tel un sirop, les éruptions sont comparables à des feux d'artifice. Lorsque le magma est pâteux, les gaz ont du mal à s'échapper et, lorsqu'ils y arrivent, ils provoquent de violentes explosions et de gros nuages de cendres. En refroidissant, la lave forme souvent des prismes, que l'on appelle des orgues.

Identifie les roches calcaires

• **du vinaigre**

Verse une goutte de vinaigre sur la roche. Si des bulles apparaissent, c'est un calcaire.

Les fossiles

Lorsqu'un animal ou un végétal meurt et tombe au fond d'un lac ou d'un marécage, il se recouvre de particules minérales. Une fois piégé, il se transforme progressivement en roche et devient un fossile.

Les différents types de roches

Les roches magmatiques regroupent les roches volcaniques et plutoniques. Si le magma arrive à la surface, il produit des roches volcaniques, comme le basalte. Si le magma refroidit lentement dans la croûte terrestre, il donne des roches plutoniques, dont le granit est la plus connue.

Les roches métamorphiques sont le résultat de la transformation d'autres roches sous l'effet de la chaleur et de très fortes pressions. Les chaînes de montagnes en contiennent beaucoup, comme par exemple le gneiss ou le schiste, qui se débite en plaques.

Les roches sédimentaires sont formées par l'accumulation au fond des mers de débris d'animaux et de végétaux, ou par l'agglomération de débris d'autres roches arrachées par l'érosion. Elles contiennent souvent des fossiles. La roche sédimentaire la plus connue est le calcaire.

Les minéraux

Une roche est un assemblage de minéraux. Un minéral est un ensemble d'atomes. Si les atomes sont répartis de manière régulière, on parle de cristal. Chaque minéral a une forme cristalline mais peut être de différentes couleurs. Le plus abondant sur terre est le quartz. Il peut être violet, comme l'améthyste, mais il est le plus souvent blanc. Sa forme cristalline, en pyramide, est typique.

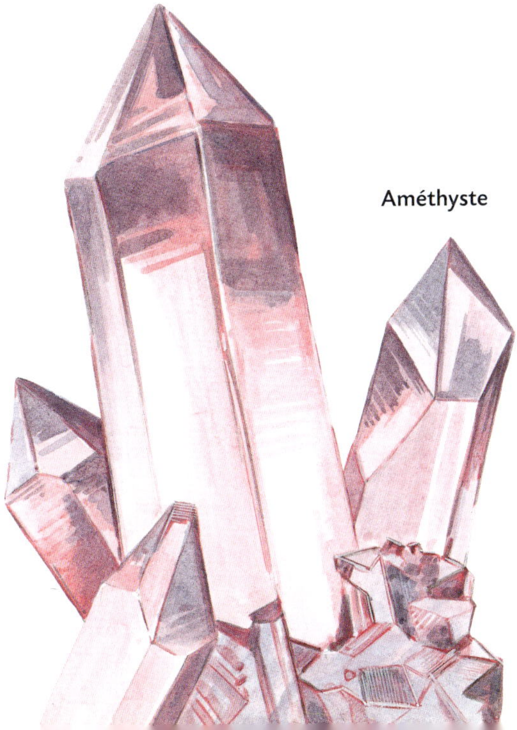

Améthyste

Un versant de montagne est parfois couvert de magnifiques fleurs rose vif.
Ici, ce sont celles d'un buisson : le rhododendron ferrugineux.

Des arbres adaptés

Contrairement aux animaux, qui peuvent descendre plus bas en hiver, les arbres de montagne doivent être parfaitement adaptés pour survivre toute l'année à la même altitude. Grâce à leurs aiguilles, les conifères résistent mieux au gel et au poids de la neige.

À tous les étages

Dans les parties basses des montagnes, ce sont principalement des hêtres, des pins sylvestres et des pins noirs qui constituent les forêts. À plus haute altitude, ils se mélangent aux épicéas et aux sapins pectinés. Dans les pentes et les rochers, le pin cembro et le pin à crochets sont particulièrement bien adaptés.

Un original

Le mélèze a des aiguilles souples qui ne piquent pas du tout. Comme les feuillus, il change de couleur en automne et perd ses aiguilles. Il ne craint pas le froid et peut pousser jusqu'à 2 500 m.

De toutes les tailles

L'épicéa, le sapin pectiné et le mélèze sont les plus grands conifères : ils peuvent dépasser 40 m de haut. Le pin sylvestre et le pin noir atteignent 30 m. Le pin à crochets et le pin cembro ne dépassent pas 25 m car ils vivent dans des conditions plus difficiles.

Épicéa

Pin sylvestre

Sapin pectiné

Pin noir

Pin cembro

Mélèze

Pin à crochets

Des cônes qui parlent

La position et la forme des cônes donnent des renseignements utiles pour identifier les résineux. Le sapin, le mélèze, le pin cembro, le pin à crochets et le pin sylvestre ont des cônes dressés vers le haut, tandis que ceux de l'épicéa pendent. Le cône du pin à crochets a des écailles aplaties sur le dessus, qui ressemblent un peu à des crochets. Seuls l'épicéa et le sapin ont des cônes longs et pointus.

Chacun ses aiguilles

Regarde bien les aiguilles de pin. Si elles sont groupées par deux, il s'agit d'un pin sylvestre, d'un pin noir ou d'un pin à crochets. Groupées par cinq, c'est un pin cembro. Chez l'épicéa, les aiguilles sont pointues, un peu piquantes, entièrement vertes, et réparties tout autour de la tige. Chez le sapin pectiné, elles sont aplaties, leur bout est arrondi avec un léger creux au milieu, elles possèdent deux bandes blanches parallèles dessous et sont réparties de chaque côté de la tige.

Aiguilles d'épicéa

Aiguilles de pin cembro

Aiguilles de pin sylvestre

Aiguilles de sapin pectiné

Au cœur du Tyrol autrichien, les gentianes forment un tapis multicolore.

Fleurs des sommets

Lors de tes promenades en montagne, tu verras des fleurs que tu ne retrouveras pas en plaine. Pour la plupart superbes…

Dans les pelouses

S'il est une fleur que tu ne peux pas manquer de remarquer au milieu des herbes vertes, c'est bien la gentiane jaune. Elle est très grande (jusqu'à 1,50 m) et elle a des fleurs jaunes groupées sur plusieurs étages. La gentiane printanière, de la même famille, est petite et d'un bleu éclatant. Au ras du sol, tu verras aussi des pensées sauvages, de la famille des violettes. La soldanelle des Alpes, très délicate, est l'une des premières à fleurir : elle éclot alors que les prairies sont encore jaunes et l'herbe aplatie.

La fleur baromètre

La carline acaule étale ses fleurs au ras du sol, sur les prairies sèches. Cette plante est très sensible aux variations de l'humidité de l'air, de sorte qu'elle peut servir de baromètre. Regarde-la bien : si la carline est grande ouverte, le temps est sec et stable, si le cœur de la plante est caché par les bractées repliées, le temps est humide et instable.

Sur les rochers

Rare et difficilement accessible, l'edelweiss est la reine des fleurs de montagne. Les montagnards la nomment « l'étoile d'argent ». Ses fleurs blanches recouvertes de poils lui donnent un aspect cotonneux. Les joubarbes, la plupart de couleur rose, sont des plantes grasses. Comme les cactus, elles emmagasinent dans leurs feuilles des réserves d'eau et de sucre. Elles peuvent ainsi se fixer sur les roches et se passer d'eau et de terre pendant très longtemps. Tu pourras également rencontrer une autre plante grasse, le sedum âcre, qui apporte des touches jaunes dans les endroits les plus arides au milieu des blocs de pierre.

La boisson des hauteurs

Les racines de la gentiane jaune possèdent des vertus médicinales. Elles sont utilisées dans la préparation d'une liqueur au goût amer et frais que l'on sert comme apéritif et digestif.

Pour protéger l'edelweiss, sa cueillette est réglementée.

Lis martagon

Sabot de Vénus

Rares et protégées

Elles sont tellement belles que tu as envie de les cueillir. N'en fais rien, elles sont trop rares et la loi l'interdit. Le lis martagon est l'une des plus originales avec ses pétales roses recourbés qui laissent dépasser ses grandes étamines au bout orange. Le sabot de Vénus mérite bien son nom. Son labelle jaune vif ressemble effectivement à un petit sabot et sa beauté est digne de la déesse Vénus. Les fleurs de cette grande orchidée mesurent 7 à 8 cm. Bien d'autres fleurs de montagne sont protégées. Renseigne-toi bien et, si tu as le moindre doute, abstiens-toi d'en faire un bouquet.

Des troupeaux écolos

Tu crois peut-être que les grandes et belles prairies de montagne sont des milieux sauvages. Sais-tu qu'elles n'existeraient pas sans les vaches, les moutons et les agriculteurs ?

Les prairies d'altitude peuvent être entretenues par la fauche...

Les grands pâturages d'été

Chaque été, les vaches et les moutons sont emmenés dans les prairies d'altitude, où ils pâturent de mai à octobre. D'autres prairies sont fauchées pour faire des réserves de foin pour l'hiver : c'est la fenaison. Grâce aux dents des animaux et à la fauche, le milieu reste ouvert et la prairie se maintient.

Les plantations artificielles

Lorsque les agriculteurs arrivent à l'âge de la retraite, il arrive souvent que leurs enfants ne veuillent pas reprendre la ferme et qu'ils partent à la ville. Pour que les terres abandonnées servent quand même à quelque chose, les propriétaires les transforment en plantations artificielles de résineux (épicéa et douglas). À la place des belles prairies, on voit de tristes rangées d'arbres qui ferment le paysage.

... ou par les vaches qui contribuent aussi à maintenir le milieu ouvert.

Quand la nature reprend le dessus.

Avec la vie moderne, de nombreuses fermes sont abandonnées et il n'y a plus assez de troupeaux pour manger l'herbe. Certaines plantes peuvent alors s'installer et se développer, comme les fougères, les genêts et la bruyère. Il y a encore des prairies mais leur surface diminue.

Après quelques années sans pâturage ni fauche, les premiers arbres s'installent naturellement.
Le paysage change complètement. La prairie a pratiquement disparu, mais ce n'est pas encore une forêt car il reste beaucoup de plantes basses et des broussailles.

Au bout d'un certain nombre d'années, les arbres ont grandi et la forêt s'est véritablement installée, mélange de feuillus et de résineux. Il y a encore des fougères, mais la prairie a complètement disparu.

Des mammifères résistants

La vie en montagne est très particulière. Pour les mammifères, elle nécessite beaucoup de capacités d'adaptation aux rigueurs du climat.

Campagnol des neiges

Le lièvre variable

Si le lièvre variable porte aussi le joli nom de « blanchon », c'est tout simplement parce que sa fourrure devient blanche en hiver, excepté le bout des oreilles qui reste noir. En été, sa fourrure est brun-gris. Ce lièvre est plus petit et a les oreilles plus courtes que le lièvre commun. Il se nourrit d'herbe, mais aime les zones rocheuses et les blocs de pierre, car il y trouve des abris. Ses empreintes et ses crottes ressemblent fort à celles de son cousin des plaines, mais si tu en trouves au-dessus de 1 500 m en hiver, tu peux être sûr que c'est un blanchon. Les pattes du lièvre variable sont larges et recouvertes de longs poils qui lui permettent de mieux marcher sur la neige, comme avec des raquettes.

Lièvre variable en hiver

Le campagnol des neiges

Le campagnol des neiges mesure 20 cm de long et pèse 60 g. Il se distingue des autres campagnols par sa fourrure gris clair. C'est le seul campagnol à pouvoir vivre en haute altitude. On peut le rencontrer jusqu'à 3 000 m, dans les éboulis rocheux bien exposés au soleil.

L'hermine

L'hermine vit aussi bien en plaine qu'en montagne. Dans les régions qui sont très enneigées durant l'hiver, elle change de pelage le temps de la mauvaise saison. Elle est alors toute blanche, mais le bout de sa queue reste noir. Ce qui te permet à coup sûr de la distinguer de la belette, qui lui ressemble beaucoup. Tu peux la rencontrer jusqu'à 3 000 m d'altitude.

Hermine en hiver

Le mouflon

Avec le chamois et le bouquetin, le mouflon est le troisième ongulé montagnard. Avec 80 cm au garrot et un poids de 20 à 55 kg, il est à peine plus grand qu'un chamois. Le mâle a des grandes cornes recourbées. Chez les plus vieux mouflons, elles remontent sous l'œil et font pratiquement un cercle complet.

Vivre au ralenti

La marmotte est un animal sédentaire, herbivore et montagnard. En hiver, quand la neige recouvre tout, elle n'a plus accès à la nourriture, elle est donc obligée d'hiberner. Pour cela, elle aménage un nid douillet au fond de son terrier. Elle va vivre au ralenti pendant cinq à six mois grâce aux réserves de graisse qu'elle a faites en automne.

Mouflon adulte

Facile à voir

Le mammifère que tu pourras observer le plus facilement en montagne est la marmotte. Active en plein jour, elle se déplace au milieu des prairies, où sa silhouette est bien visible. Elle est très casanière, et lorsque tu auras repéré un site à marmottes, tu pourras y revenir. Fais cependant attention de ne pas trop t'approcher. Une sentinelle pourrait t'apercevoir et il lui suffit de siffler pour que tout le monde aille se cacher dans le terrier…

Avec ses immenses cornes, impossible de ne pas reconnaître le bouquetin !

Bouquetin et chamois

Le chamois et le bouquetin sont de véritables montagnards. Ils aiment l'altitude et les pentes rocheuses et sont capables d'aller là où aucun autre animal ne viendra les concurrencer.

Carte d'identité

Nom commun : **bouquetin**

Nom savant : *Capra ibex*

Ordre : artiodactyles

Famille : bovidés

Taille : 1 m à 1,50 m - 70 à 90 cm au garrot

Poids : 40 à 100 kg

Reproduction : rut en décembre-janvier, 1 petit en juin

Description : fourrure marron sur tout le corps, tache claire sur les fesses

Particularités : petites cornes chez la femelle

Faciles à identifier

Bien que les deux mammifères aient à peu près la même taille, le bouquetin est deux fois plus lourd que le chamois. Chez les deux espèces, mâles et femelles ont des cornes. Celles des chamois sont presque identiques chez les deux sexes, tandis que, chez les bouquetins, celles des mâles sont beaucoup plus grandes. Elles peuvent mesurer 1 m de long et peser 5 kg. Fines, les cornes des chamois ne mesurent que 25 cm de haut et sont recourbées au bout.

Sauvé de justesse

Le bouquetin a bien failli disparaître ! Au début du XIXe siècle, il n'en restait plus qu'une centaine dans le massif du Grand-Paradis, en Italie. En 1856, le roi Victor-Emmanuel II y crée une réserve de chasse, transformée plus tard en parc national. En France, c'est grâce à la création, en 1963, du premier parc national, celui de la Vanoise, que les quelques dizaines de bouquetins qui y vivaient se sont maintenus. Ils sont aujourd'hui plus de 2 000.

Agiles dans les rochers

L'incroyable agilité du bouquetin et du chamois vient en grande partie de leurs sabots. Chez le bouquetin, les deux onglons sont équipés d'une sole, sorte de coussinet élastique antidérapant qui évite au bouquetin de glisser. Le chamois est plus à l'aise sur la glace et la neige, car ses sabots possèdent un bord très dur et une membrane entre les onglons qui peuvent ainsi s'écarter et offrir une plus grande surface au sol.

Chamois adulte

Patte de bouquetin

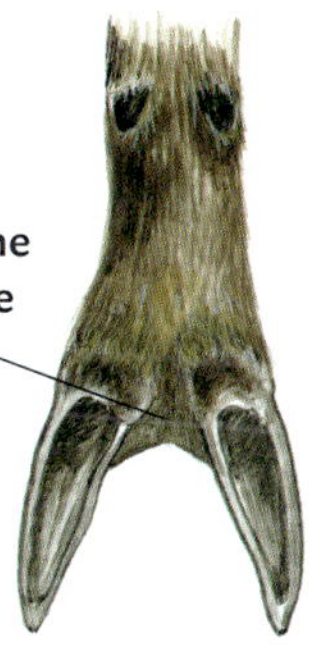

Patte de chamois

Carte d'identité

Nom commun : **chamois**
Nom savant : *Rupicapra rupicapra*
Ordre : artiodactyles
Famille : bovidés
Taille : 1 m à 1,40 m - 75 à 85 cm au garrot
Poids : 20 à 50 kg
Reproduction : rut à l'automne, 1 petit au printemps
Description : fourrure brun-fauve, tête et gorge claires avec un bandeau foncé allant des oreilles au museau

Chamois ou isard ?

Si tu te promènes dans les Alpes, le Jura, les Vosges ou le Massif central, c'est le chamois (*ci-contre*) que tu rencontreras. Dans les Pyrénées, tu pourras observer son cousin, l'isard, autrefois considéré comme une sous-espèce du chamois. S'ils se ressemblent comme des frères, le chamois est plus grand. En hiver, l'isard présente une sorte d'écharpe noire partant de la tête et descendant le long du cou jusqu'à l'épaule.

Le loup chasse en meute.

Loup et lynx

À l'origine, le loup et le lynx n'étaient pas spécialement montagnards. Ils vivaient partout où il y avait des forêts et du gibier. Les hommes les ont tellement pourchassés que les derniers survivants se sont réfugiés dans la montagne.

De retour depuis peu

Exterminés, les loups avaient disparu en France depuis 1920. En 1992, quelques individus ont franchi la frontière italienne pour venir s'installer dans le parc du Mercantour. Ils sont aujourd'hui une trentaine dans les Alpes françaises. Aussi rare que difficile à observer, le lynx a été réintroduit en Suisse et dans les Vosges. Il recolonise actuellement les Alpes mais reste encore très menacé.

Carte d'identité

Nom commun : **le loup gris**
Nom savant : *Canis lupus*
Ordre : carnivores
Famille : canidés
Taille : 90 cm à 1,50 m dont 30 à 50 cm de queue ; 80 cm au garrot.
Poids : 20 à 80 kg
Description : fourrure brun-gris doré, oreilles longues et pointues, queue longue et épaisse
Reproduction : accouplement en fin d'hiver, 5 louveteaux en moyenne par portée au printemps
Nourriture : ongulés (cerfs, chevreuils, chamois), oiseaux, rongeurs et fruits

À la queue leu leu

En vieux français, le loup était désigné par le mot « leu ». D'où la curieuse expression « à la queue leu leu », qui vient de l'habitude qu'ont les loups, lorsqu'ils se déplacent dans la neige, de marcher les uns derrière les autres. Pour économiser leurs efforts, chaque loup marche dans les traces de celui qui le précède. Pas bête, le loup…

Empreinte de loup.

De superchasseurs

Les loups vivent en meute, avec une organisation très stricte. Ainsi, ils peuvent s'associer pour chasser de grosses proies, inaccessibles à un loup solitaire. Ils se relaient alors pour fatiguer leur proie, se partageant le travail entre rabatteurs et poursuiteurs. Le lynx, lui, possède la taille, la force et les mâchoires d'un grand carnivore, ainsi que la souplesse et les griffes d'un félin. C'est un superprédateur.

Carte d'identité

Nom commun : **le lynx d'Europe**
Nom savant : *Lynx lynx*
Ordre : carnivores
Famille : félidés
Taille : 80 cm à 1,30 m
Poids : 18 à 25 kg
Reproduction : deux ou trois jeunes en mai-juin
Description : fourrure rousse tachetée de noir, pattes longues, queue courte et poils sur les oreilles
Nourriture: cervidés, rongeurs et oiseaux

Protéger les troupeaux

Les bergers avaient pris l'habitude de laisser les troupeaux paître en liberté dans la montagne. Mais, depuis le retour du loup et du lynx, impossible de laisser les moutons sans surveillance… La meilleure protection reste les gros chiens, comme les patous ou les mâtins. Équipés d'un collier anti-loup, ils montent la garde et font fuir les prédateurs.

L'ours brun

L'ours brun, favori des enfants et terreur des bergers...

L'ours brun est l'une des espèces les plus menacées de disparition puisqu'il en reste seulement une douzaine en France. Pour sa survie, il faut absolument garder des secteurs sauvages dans la montagne.

Devenu très rare

Jusqu'au Moyen Âge, l'ours était présent dans tous les massifs montagneux : Vosges, Jura, Alpes, Massif central, Pyrénées. Aujourd'hui, il ne reste plus qu'une douzaine d'individus, dans les Pyrénées, et cette petite population est divisée en deux noyaux séparés. Six ours sont originaires des Pyrénées occidentales, et les six autres ont été réintroduits dans les Pyrénées centrales après avoir été capturés en Slovénie.

De l'animal à la peluche

Tous les enfants aiment les ours grâce aux peluches qu'ils ont eues tout petits. Ce phénomène est assez récent, puisque les premiers ours en peluche ont été créés au début des années 1900 en Allemagne et aux États-Unis.

Carte d'identité

Nom commun : **l'ours brun**

Nom savant : *Ursus arctos*

Ordre : carnivores

Famille : ursidés

Taille : 1,70 à 2,80 m,
hauteur au garrot : 0,90 m à 1,10 m

Poids : 100 à 315 kg

Description : silhouette massive, pelage brun-noir, queue courte, oreilles rondes

Reproduction : un à trois oursons mis bas en tanière en hiver, tous les trois ans en moyenne

Nourriture : baies, herbe, racines, petits mammifères et ongulés

Discret malgré sa taille

Tu as très peu de chance de voir un ours brun dans la nature car l'animal est très méfiant et extrêmement rare. En te promenant sur les chemins, tu auras cependant peut-être l'occasion de découvrir des indices de sa présence. Les plus courants sont les traces de griffes sur les troncs, les crottes, qui sont grosses et ont la forme de boudins courts, et surtout les empreintes. Celles-ci sont impossibles à confondre car elles mesurent jusqu'à 15 cm de large et 25 cm de long. Elles comportent 5 doigts bien alignés en avant de la voûte plantaire et des griffes bien visibles.

Au printemps, ours et oursons de l'année sortent de leur tanière.

Dans le secret de la tanière

Quand l'hiver approche, l'ours mange énormément pour se constituer des réserves de graisse, et recherche une tanière dans le lieu le plus reculé de son territoire. Cet endroit, situé dans une grotte ou dans un abri, sera recouvert par la neige. C'est là que l'ours va hiberner, et que naîtront les oursons, en janvier ou février.

Un fin gourmet

Malgré sa taille et sa réputation d'animal féroce, injustifiée, l'ours est végétarien à 80 %. Il est tellement gourmand qu'il peut passer des heures à ramasser une à une les myrtilles et les framboises. Il mange aussi des racines, des bulbes de plantes, des glands, des faines, des fourmis et le miel des abeilles sauvages. Mais il peut aussi s'attaquer à de gros mammifères domestiques ou sauvages (moutons, chevreuils, etc.)

Des empreintes impossibles à confondre !

Ces crottes sont un précieux indice du passage de l'ours.

Rien n'échappe à la vue perçante du faucon pèlerin !

Les rapaces des falaises

Avec ses grandes parois rocheuses, la montagne offre des sites de nidification idéaux à des grands rapaces aujourd'hui devenus très rares.

Halte aux braconniers

Une des principales causes du déclin des populations de faucon pèlerin était le braconnage. Venus de l'étranger, des « spécialistes » grimpaient dans les falaises, capturaient les petits dans le nid puis les revendaient à des fauconniers qui les dressaient pour la chasse. Pour empêcher ce trafic, des ornithologues ont passé des mois au pied des falaises à surveiller des aires de faucon pèlerin. Depuis, les effectifs de ce magnifique rapace ont augmenté. Une belle victoire pour les protecteurs de la nature...

Chasseur de haut vol

Le faucon pèlerin est un chasseur extraordinaire. Perché en hauteur, il repère les vols d'oiseaux (geais, étourneaux, pigeons...). Quand il aperçoit une proie isolée, il monte au-dessus et pique sur elle à plus de 300 km/h. L'oiseau est assommé par le choc et saisi dans les serres. Si la première tentative de prise échoue le faucon repasse sous l'oiseau qui tombe, et s'en empare.

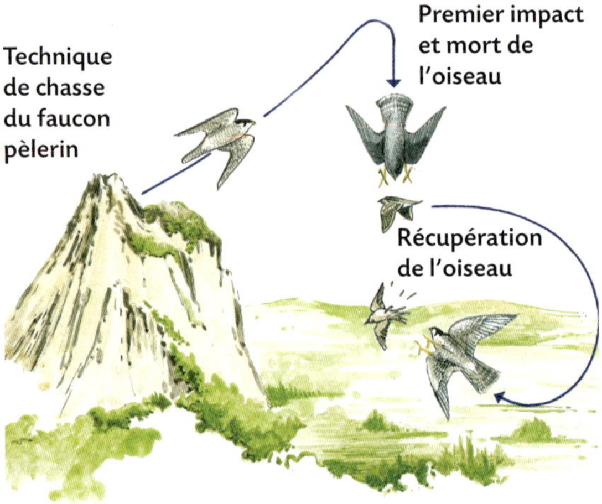

Le symbole de la montagne

L'aigle royal est un chasseur moins rapide que le faucon pèlerin mais plus fort (plus de 2 m d'envergure). Il est le principal ennemi de la marmotte, dont il fait une consommation régulière. Son nid est fait d'un tas de branches disposées dans un creux de la falaise.

Aigle royal

Le mangeur d'os

Le gypaète barbu est le dernier vautour à venir se nourrir sur les carcasses car il mange des os. Quand ceux-ci sont trop gros, il les transporte en l'air et les laisse tomber sur des rochers pour les briser.

Gypaète barbu

Le prince des ténèbres

Avec une envergure de 1,80 m, le hibou grand duc est le plus grand des rapaces nocturnes. Quand la nuit tombe, il s'attaque aux hérissons et aux petits mammifères tels que les lapins. Parmi les proies apportées au nid pour les petits, on trouve aussi des buses variables, des chouettes, et même des faucons. Le hibou grand duc profite de la nuit pour s'emparer des rapaces diurnes, qui sont, eux, en train de dormir.

Les grands planeurs

Les vautours sont incapables de capturer un animal vivant. Ils se nourrissent de charognes trouvées dans la nature. En nettoyant les carcasses des animaux morts, ils jouent un rôle sanitaire important. Pour décoller, les vautours attendent les courants d'air chaud qui leur permettent de tournoyer longuement en planant sur leurs ailes immenses. Les plus grands sont le vautour moine (2,80 m d'envergure), le gypaète barbu (2,75 m) et le vautour fauve (2,70 m). Le vautour percnoptère est beaucoup plus petit (1,70 m).

Vautour moine

Vautour fauve

Vautour percnoptère

Les oiseaux

Les balades en montagne seront pour toi l'occasion d'observer des oiseaux différents de ceux des plaines, certains aux couleurs étonnantes.

Le crave à bec rouge et le chocard à bec jaune ont un plumage entièrement noir et des pattes et un bec colorés. Ils nichent dans les trous des falaises et sont souvent en bande, notamment en hiver. Ils recherchent leur nourriture au sol (insectes, vers, baies, déchets).

Le grand corbeau est le plus grand des corvidés. Observe-le en vol : tu pourras le reconnaître à sa queue en forme de losange. Il fait généralement son nid sur une corniche de falaise.

Le casse-noix moucheté a un magnifique plumage brun-chocolat parsemé de taches blanches. Ce corvidé construit son nid dans les branches touffues des résineux et adore décortiquer les cônes pour en manger les graines.

Le tichodrome attrape insectes et araignées dans les fentes des rochers grâce à son long bec. Quand il vole ou lorsqu'il se déplace sur les parois, il écarte les ailes, dont on voit bien alors la belle couleur rouge. Lui aussi fait son nid dans les fentes des parois rocheuses.

Au-delà de 1 500 m d'altitude, tu ne verras plus le merle noir, mais d'autres merles qui habitent la montagne. Le mâle du merle de roche a le ventre et la queue rouge-orangé, la tête bleue, et le bas du dos blanc. Le merle à plastron, lui, est globalement noir, avec un croissant blanc sur la poitrine (la femelle est moins noire et son croissant moins blanc). Ces deux espèces aiment les pentes abruptes, font leur nid dans les fissures des rochers, et se nourrissent en grande partie d'insectes. Tu ne les rencontreras pas en hiver car ils sont migrateurs.

Merle à plastron mâle

Merle de roche

Venturon montagnard

Accenteur alpin

Quelques petits passereaux sont des oiseaux typiquement montagnards, mais ils sont assez difficiles à observer. C'est le cas de l'accenteur alpin et du venturon montagnard. La mésange huppée est beaucoup moins sauvage, et tu ne peux pas la confondre : c'est la seule à posséder une huppe. L'accenteur niche dans les fissures, le venturon dans les branches et la mésange huppée dans les troncs creux.

Un bec spécialisé

Le bec-croisé des sapins a un bec très étonnant, recourbé et en ciseaux. Grâce à cet outil, il peut très facilement écarter les écailles des cônes de résineux pour se régaler de leurs graines. Les couleurs vives du mâle permettent de le repérer facilement sur le fond vert des résineux. Les femelles ont un plumage beaucoup plus terne.

Étonnants gallinacés

Parmi les gallinacés, tu connais au moins la poule domestique. Sais-tu que la montagne abrite plusieurs espèces sauvages de cette famille ?

L'hiver approche : le plumage de ce lagopède alpin commence à changer de couleur...

Les points communs

Les tétras, les lagopèdes et les gélinottes sont des oiseaux trapus, au vol lourd, qui passent la plus grande partie de leur temps à terre. Ils sont sédentaires et possèdent des pattes emplumées qui les protègent du froid. Ils se nourrissent d'insectes, de baies, de feuilles et de bourgeons. En hiver, les tétras consomment des aiguilles de conifères.

Pas simple !

La vie n'est pas toujours facile pour ces oiseaux montagnards peu agiles. Ils sont régulièrement victimes des prédateurs tels que l'aigle royal, le hibou grand duc, la martre ou le renard (*ci-contre*). De plus, ils sont souvent dérangés par les promeneurs, les skieurs, les chasseurs et les chiens.

Le grand tétras mesure jusqu'à 90 cm de long (queue comprise) et pèse 3,50 à 5 kg. C'est le plus gros gallinacé d'Europe. Difficile à observer, il vit dans les grandes et vieilles forêts de conifères. Au printemps a lieu la parade nuptiale, très spectaculaire, où le mâle dresse et étale sa queue en éventail pour séduire la femelle.

Contrairement au grand tétras, le tétras-lyre fréquente différents milieux et parade dans des endroits découverts, souvent en groupe. Il mesure jusqu'à 60 cm. Il doit son nom à la forme de la queue du mâle, que celui-ci dresse et étale durant la parade nuptiale. Comme celle du grand tétras, sa femelle a un plumage plus discret.

Le lagopède alpin mesure 30 cm environ. Il aime les pentes où alternent les prairies et les rochers. Son plumage gris-roux devient blanc en hiver.

Discrète, la gélinotte des bois habite les forêts de conifères. Elle mesure 30 cm environ. Son plumage tacheté ne varie pas. On reconnaît le mâle à sa gorge de couleur noire.

Quand la mer n'est pas arrêtée par de la roche dure, elle pénètre profondément et crée des baies, des plages ou des dunes.

Au bord

de la mer

La rencontre entre la terre et la mer est un haut lieu de la nature. Le mouvement des marées modifie la côte plusieurs fois par jour en dégageant des plages et des rochers où la vie abonde. Les falaises abritent des oiseaux qui ne nichent nulle part ailleurs.

En Méditerranée, les marées se font à peine sentir.

Vagues et marées

Tu vas sur la plage le matin à 9 h, la mer est très loin, c'est la marée basse. Six heures plus tard environ, c'est la marée haute, et la mer est au plus près. Et ainsi de suite, indéfiniment. Sais-tu pourquoi ?

Pourquoi y a-t-il des marées ?

Comme tu le sais, la Terre tourne autour du Soleil et la Lune tourne autour de la Terre. La Lune et le Soleil exercent tous deux une attraction sur les eaux des océans, qui crée le phénomène des marées. Lorsque l'axe Terre-Lune et l'axe Terre-Soleil forment un angle droit, les deux attractions se compensent : ce sont les petites marées. Lorsque la Terre, la Lune et le Soleil sont dans le même axe, les forces attractives s'ajoutent : ce sont les grandes marées.

Petites marées

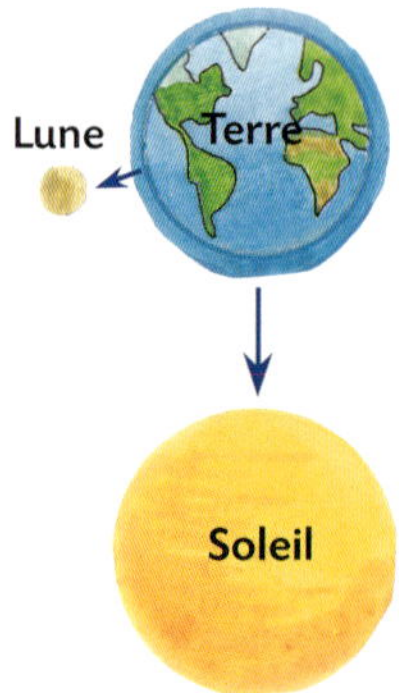

Les forces attractives s'annulent.

Grandes marées

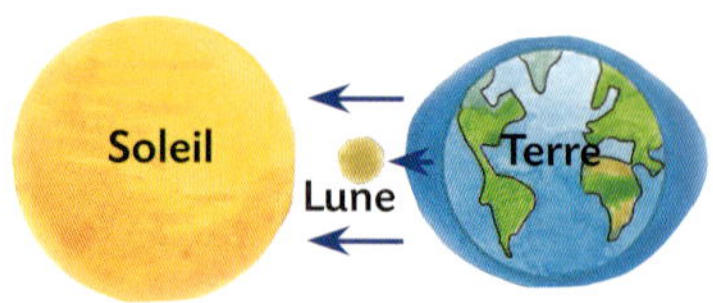

Les forces attractives s'ajoutent.

Pas les mêmes partout

Sur la façade atlantique, les marées sont très fortes. Au Mont-Saint-Michel, la différence de hauteur entre la marée basse et la marée haute peut atteindre 16,10 m ! En Méditerranée, en revanche, il n'y a pratiquement pas de marées. Cela est dû au fait que les mers intérieures, où la masse d'eau est faible, sont beaucoup moins sensibles à l'attraction de la Lune et du Soleil.

Attention aux marées

Sois prudent quand tu t'éloignes de la côte à pied. La marée peut monter très vite et tu risques d'être rattrapé. N'oublie pas que dans certains endroits, durant les grandes marées la mer monte à la vitesse d'un cheval au galop !

D'où viennent les vagues ?

C'est le vent qui est à l'origine des vagues. En soufflant à la surface de l'eau, il crée des rides, des vaguelettes, puis des vagues d'autant plus hautes qu'il souffle fort. Quand le vent s'arrête, il n'y a plus de vagues, mais le mouvement et les ondulations qu'elles provoquent durent encore et s'étalent au loin. Ce phénomène s'appelle la houle. Lorsque celle-ci fait balancer un bateau d'avant en arrière, on parle de tangage, si c'est de gauche à droite, il s'agit du roulis.

La houle, un phénomène difficile à supporter en bateau.

Embruns, ressac et rouleaux

Les embruns sont les nuages de gouttes d'eau emportés par le vent lorsque les crêtes des vagues se brisent. Le ressac est le retour brutal des vagues sur elles-mêmes quand elles s'écrasent sur les rochers. Le rouleau se forme quand la vague monte et retombe sur elle-même.

L'échelle de Beaufort

Il s'agit d'une mesure de la force du vent qui va de 1 à 12. Grâce à cette référence, tout le monde comprend les prévisions météorologiques, ce qui est vital quand un avis de tempête est annoncé. Par un vent de force 1, la mer est très calme, s'il est de force 12, c'est l'ouragan.

Les mammifères marins

Comme tous les mammifères, les mammifères marins respirent par les poumons et allaitent leurs jeunes. Hormis les phoques, ils passent leur vie entière dans l'eau.

Chacun son berceau

Parmi les mammifères marins qui vivent dans les mers européennes, seuls les phoques viennent à terre pour faire leurs petits, qui tètent leur mère comme tous les autres mammifères. Les autres, baleines, dauphins et marsouins, ne quittent jamais l'eau et font leurs petits dans la mer. Ceux-ci ne peuvent pas téter comme les phoques car ils n'ont pas de lèvres. Pour se nourrir, ils ouvrent leur bec au niveau des mamelles de la mère, qui peut faire gicler son lait grâce à des muscles très puissants.

Le géant
C'est le plus gros animal de la planète. Le plus grand individu observé mesurait 33 m de long.

Rorqual bleu

Les plus grands
Le rorqual commun est un peu plus petit que son cousin, le rorqual bleu, mais il mesure tout de même 25 m de longueur ! Avec leur 20 m, la baleine franche et le cachalot se disputent la troisième place au palmarès des plus grands animaux du monde.

Cachalot

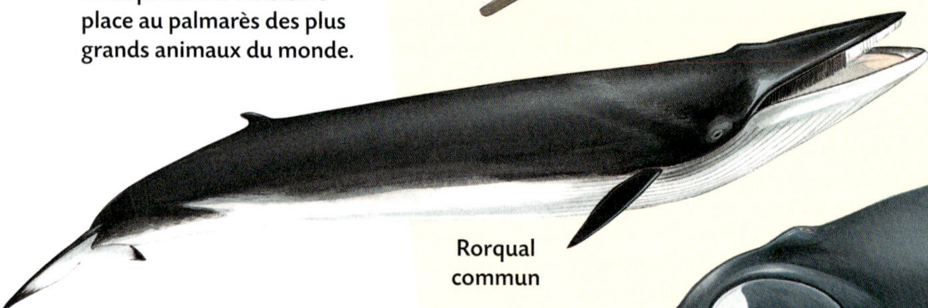

Rorqual commun

Baleine franche

Chacun son régime

Les cétacés à fanons, comme les baleines, se nourrissent de petits animaux planctoniques. Ils ouvrent la bouche et avalent de grandes quantités d'eau. Quand ils la referment, l'eau est chassée, et les fanons, qui sont des lames cornées agissant comme un filtre, ont retenu la nourriture. Les cétacés à dents, comme les dauphins, sont carnivores. Ils s'attaquent surtout aux poissons et aux calmars, mais les orques peuvent dévorer d'autres mammifères marins, tels que les phoques et les otaries.

Les plus faciles à voir
Les deux phoques qui vivent sur les côtes du Nord à partir de la Bretagne sont le phoque gris et le phoque veau-marin. Si tu fais du bateau, tu auras peut-être la chance de voir des dauphins marsouiner (nager en faisant des bonds hors de l'eau). Les espèces les plus communes sont le grand dauphin, le dauphin commun, le dauphin bleu et blanc, le globicéphale noir et le marsouin commun.

Phoque gris
2,10 à 3,30 m

Phoque veau-marin
1,20 à 2 m

Grand dauphin
2,50 à 4 m

Dauphin bleu et blanc
2 à 2,50 m

Dauphin commun
1,60 à 2,50 m

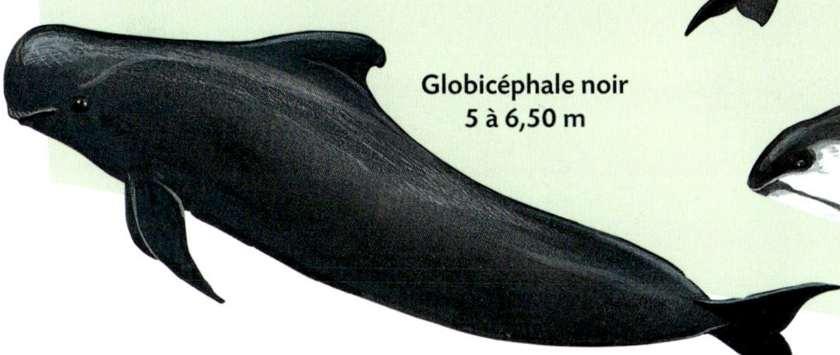

Globicéphale noir
5 à 6,50 m

Marsouin commun
1,50 à 2 m

Poissons des côtes

Les différentes espèces de poissons qui vivent tout près des côtes ont dû s'adapter aux fonds sablonneux. Certains remontent régulièrement l'embouchure des rivières.

Grondin

Électrique ou pas ?

Parmi les poissons plats posés sur le sable, les petites raies mesurent jusqu'à un mètre de long. La raie bouclée a le nez pointu, une longue queue avec deux nageoires dorsales et une rangée d'épines sur le dos et la queue. La raie-torpille est plus ronde et n'a qu'une seule nageoire dorsale, suivie d'une grande nageoire caudale. Elle est dotée de deux organes électriques pouvant produire des décharges de 50 volts !

Le poisson qui gronde

Le grondin doit son nom à sa capacité d'émettre un grondement en cas de danger. Les premiers rayons de ses nageoires pectorales ne sont pas liés entre eux, mais transformés en sorte de pattes. Ainsi équipé, le grondin peut avancer sur le fond de l'eau pour rechercher des poissons et des crustacés.

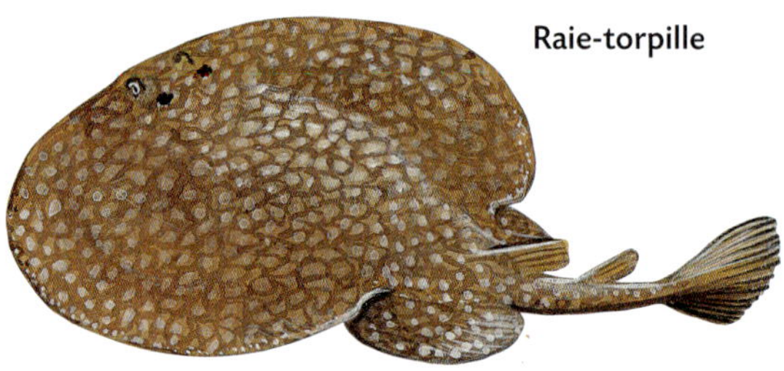

Raie-torpille

Invisibles sur le fond

De nombreux poissons de sable possèdent sur le corps des pigments qui peuvent varier et prendre la couleur du fond sur lequel ils se trouvent. S'ils ne bougent pas, ils sont pratiquement invisibles, comme la plie (*ci-dessous*). Cette capacité à changer de couleur s'appelle l'homochromie.

Raie bouclée

Tout plats

Tandis que les raies se posent sur le ventre, la plie, aussi appelée carrelet, et la sole sont des poissons plats qui se posent sur le côté gauche (d'autres poissons plats se posent sur le côté droit). Tous deux sont de forme ovale et possèdent de grandes nageoires sur presque tout le long du corps. Leurs yeux sont situés sur un seul côté, ainsi ils peuvent s'enfouir dans le sable sans cesser de voir. La plie est assez grande (jusqu'à 90 cm) et présente des points orange sur le côté droit.

Dans les eaux douces aussi

Plusieurs poissons du bord de mer ne craignent pas l'eau douce et remontent dans les estuaires, et même les rivières, à l'occasion des marées. Le flet est plat et ressemble à la plie. Il passe l'été dans les eaux saumâtres où il recherche des vers, des mollusques et des crevettes d'eau douce. Il va frayer en mer car il a besoin d'eau salée pour que ses œufs flottent près de la surface. Les mulets se capturent en rivière ou en mer. Ils se nourrissent de plancton et de plantes aquatiques.

Sole

Flet

Sois prudent

Les vives possèdent sur le dos des épines venimeuses qu'elles dressent vers le haut. Comme elles ont l'habitude de s'enfouir presque entièrement dans le sable, tu risques de marcher dessus, et leur piqûre est très douloureuse. Pour être tranquille, baigne-toi avec des sandales en plastique.

Mulet porc

Attention ! La vive est presque invisible...

Vivre dans le sable

Dans la mer, les petits animaux sont difficiles à voir. Grâce aux marées qui découvrent de grandes plages, tu pourras découvrir les vers et les coquillages qui vivent dans le sable.

Ces « boudins » de sable signalent la présence de l'arénicole.

Vers de mer

Tout comme il y a des vers de terre, il existe des espèces de vers de vase et de sable. L'arénicole mesure 20 cm de long et creuse des galeries qui ont la forme d'un U. Elle ingurgite du sable et le rejette après en avoir gardé les éléments nutritifs. Les néréis sont nomades. Ils se déplacent et vivent dans la vase ou sous les pierres. Ils se nourrissent de petits animaux et d'algues. Ces deux vers sont des bons appâts pour la pêche.

À la pêche aux indices

Des tout petits trous très nombreux correspondent à la présence de puces de mer. Un trou divisé en deux parties qui se touchent indique la cachette du couteau. Deux petits orifices côte à côte mais bien séparés correspondent aux deux siphons de la coque ou de la palourde. Un trou et un petit tortillon de vase à proximité sont le résultat du travail de l'arénicole Celle-ci creuse une galerie en mangeant de la vase et en la rejetant à l'extérieur.

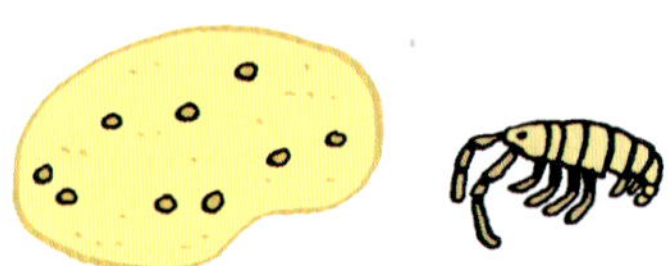

Puce de mer

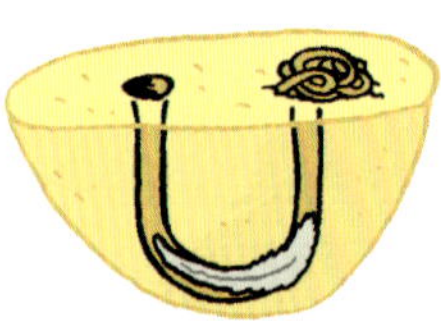

Arénicole

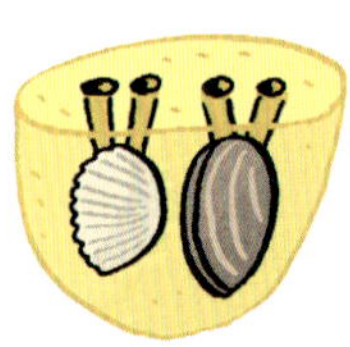

Coque Palourde

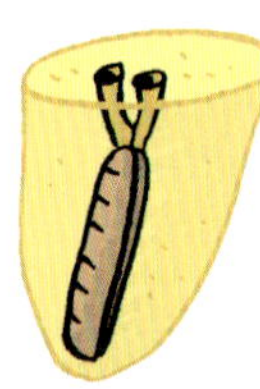

Couteau

Bivalves du sable

Les principales espèces de bivalves que tu pourras voir dans le sable sont la coque, la palourde, la praire et le couteau. La praire a des stries concentriques, tandis que celles de la coque sont profondes et en éventail en partant de la charnière. La palourde est presque lisse. Quant au couteau, impossible de le confondre.

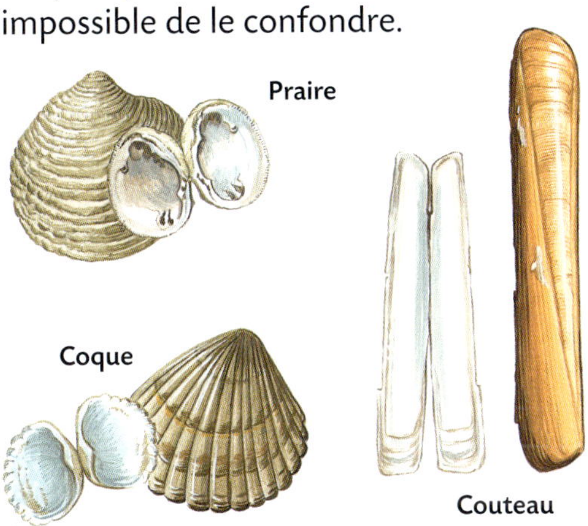

Une morphologie bien adaptée

L'anatomie des bivalves explique parfaitement leur mode de vie. Tu remarqueras d'abord leur coquille en deux parties, reliées entre elles par une charnière. Leur corps mou est recouvert par un « manteau » se terminant par deux siphons. L'un sert à faire entrer l'eau, dont l'oxygène et le plancton nourricier seront filtrés par les branchies. L'autre sert à rejeter l'eau filtrée. Enfin, tu verras leur gros pied très musclé qui leur permet de s'enfouir et de se déplacer.

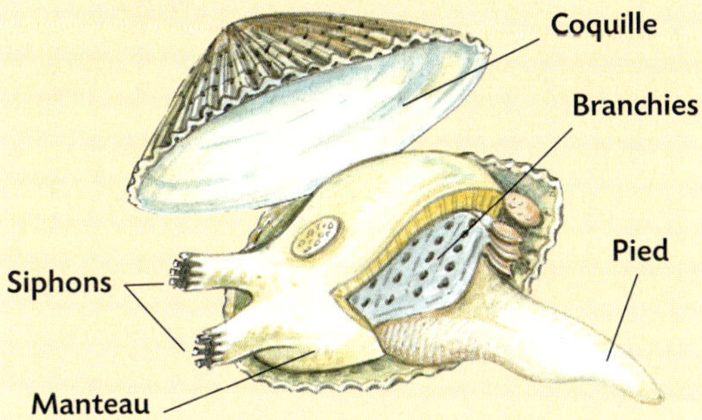

Débusque les petites bêtes

- du sel
- de l'eau
- une pelle

1. Pour faire sortir un couteau, mets du sel et de l'eau dans son trou. Il croira que la mer est remontée et se montrera !

2. Pour observer les coquillages qui peuvent s'enterrer jusqu'à 20 cm de profondeur, une seule solution : creuser !

De longues pattes rouges et un bec noir ? C'est une échasse.

Oiseaux des sables

Au bord de la mer, tu verras de nombreux limicoles. Ces oiseaux ont en commun de rechercher leur nourriture dans le sable et la vase, et sont souvent assez difficiles à identifier. Heureusement, quelques-uns sont bien reconnaissables.

Pas si simple !

Pas facile d'identifier les limicoles... Il y en a tant, certaines espèces se ressemblent beaucoup, et tu es parfois trop loin pour les voir en détail. De plus, ils n'ont pas le même plumage selon leur âge et les périodes de l'année. Comment t'y retrouver ? Commence par les plus faciles, et surtout, prends l'habitude de bien observer leur silhouette, leur bec, leurs pattes, et les caractéristiques de leur plumage.

Un bec unique

Les courlis ont un plumage tacheté et un long bec nettement recourbé vers le bas, qu'ils enfoncent profondément dans le sable pour capturer des arénicoles. Tu auras sûrement l'occasion de voir le courlis cendré, qui niche chez nous. Le courlis corlieu, qui lui ressemble beaucoup, est plus rare. Il niche dans le nord de l'Europe et n'est présent sur nos côtes que lors de sa migration. Il est plus petit que le courlis cendré et son bec est moins long.

Le bien nommé

Le tournepierre à collier porte bien son nom. Avec son bec pointu, il retourne les algues et les petits cailloux pour capturer les petits animaux cachés dessous. Il présente sur la poitrine un large « collier » noir et a les pattes orangées.

Tournepierre à collier

Le meilleur moment

Si tu veux observer les limicoles, attends la fin de la marée montante. Les oiseaux sont alors obligés de se regrouper sur la petite portion de plage qui reste découverte et tu les verras de plus près. Mais attention à ne pas les effrayer, sinon ils s'envoleraient.

Chevaliers et bécasseaux

Le groupe des chevaliers comporte de nombreuses espèces. Celui que tu as le plus de chance de rencontrer sur les côtes est le chevalier gambette. Ses pattes et la base de son bec rouges t'aideront à le reconnaître. Méfie-toi cependant, car tu pourrais le confondre avec le chevalier arlequin. Regarde bien ton guide d'oiseaux. Le chevalier guignette est moins commun en bord de mer, mais assez facile à reconnaître. Comme les chevaliers, les bécasseaux sont très nombreux et difficiles à distinguer les uns des autres.

Chevalier guignette

Chevalier gambette

La belle barge

La barge à queue noire possède de grandes pattes et un long bec droit, qu'elle utilise pour capturer des vers de sable. C'est un très bel oiseau. Auras-tu la chance de la voir ?

La laisse de mer

À chaque marée montante, la mer transporte des débris de toute sorte qu'elle abandonne sur le sable à marée descendante : c'est la laisse de mer. Explore-la et tu découvriras de nombreux trésors…

Déposés au « jusant »

Le jusant, c'est la marée descendante. Quand la mer se retire, elle dépose en plusieurs cordons successifs des débris flottants ou arrachés du fond. Tu peux y trouver des végétaux, des coquillages, des restes de poissons et de crustacés, des plumes d'oiseaux et, malheureusement, des déchets en tout genre.

Stop aux plages poubelle

Lorsque tu pique-niques en famille sur la plage, veille à ne laisser aucun déchet, et surtout, n'enterre rien dans le sable. À la première marée, tout ressort et c'est alors un triste spectacle...

Les animaux

Les restes d'animaux apportés par la mer concernent plusieurs types d'espèces. En très grand nombre, il y a bien sûr les restes de mollusques : les coquillages, qui sont des coquilles externes, et les os de seiche, qui sont des coquilles internes. Il y a aussi des carapaces de crabes, qui correspondent aux enveloppes que ces crustacés abandonnent lors de leurs mues successives. La mer dépose également des tests d'oursins (c'est ainsi que l'on appelle leur squelette calcaire), des étoiles de mer, des méduses...

Débris et déchets déposés au jusant

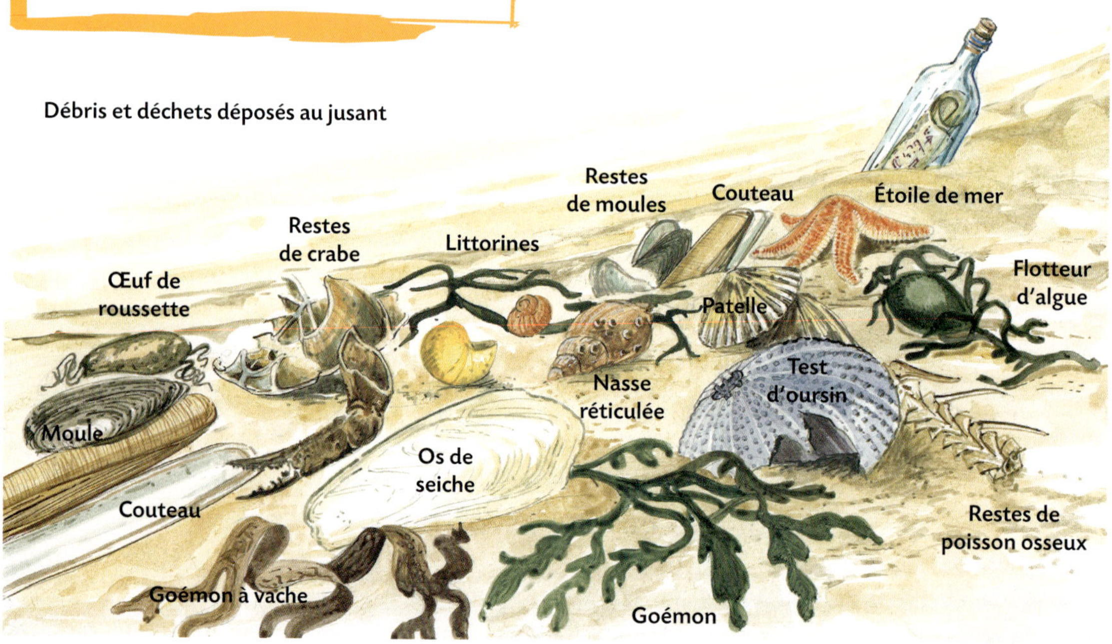

Les trésors de la laisse de mer, exposés juste avant que la marée ne remonte.

Pas toujours sale

Lorsqu'elle ne contient pas d'ordures, la laisse de mer est très utile. Elle abrite quantité de petits animaux, comme les puces de mer, dont les oiseaux se nourrissent. En permettant à des graines de se déposer, elle contribue aussi à l'extension des plantes, et donc à fixer les dunes.

Les végétaux

Dans la laisse de mer, les restes de végétaux sont surtout des algues et, au bord de la Méditerranée, des posidonies. Ces herbes vertes deviennent noires en séchant. De très nombreux restes d'arbres sont également apportés par la marée : des troncs, des écorces et des cônes de résineux. Certains peuvent venir de très loin.

Collectionne les coquillages

Lorsque la marée descend, marche le long de la plage au bord de l'eau et ramasse les plus beaux coquillages ou les plus originaux. Tu peux de cette manière en faire la collection sans encourager leur trafic.

Animal ou végétal ?

Tu verras peut-être dans la laisse de mer comme une grosse graine enfermée dans une enveloppe dont les angles sont munis de vrilles. Ce ne sont pas des graines, mais des œufs de roussette (un petit requin). Les vrilles permettent à ces œufs de s'accrocher aux algues et aux rochers.

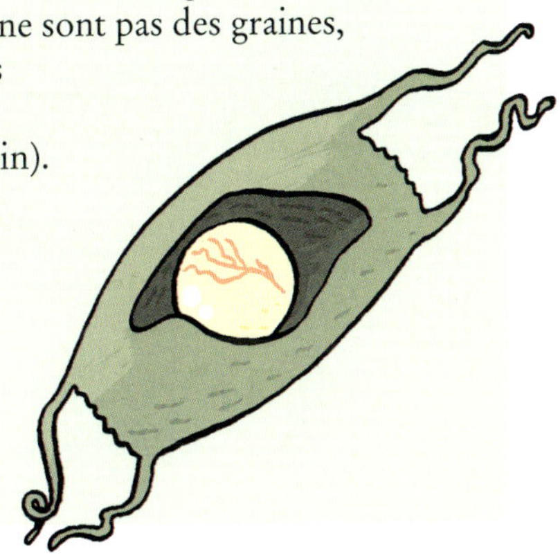

Sur la dune

La dune est un milieu naturel à part entière, avec sa flore et sa faune particulières. Elle est en perpétuel mouvement car la mer et le vent ne cessent jamais de renouveler et de déplacer le sable.

Bien enracinées

Pour survivre dans les dunes, les plantes doivent pouvoir supporter la sécheresse, le sel et le vent. Soude brûlée, chiendent des sables, oyat sont les premières à s'installer au-delà de la zone régulièrement recouverte par la marée. Toutes capables de s'enraciner solidement, elles retiennent le sable et permettent aux dunes de se fixer.

Au secours des dunes

À cause du piétinement, de nombreuses dunes sont détruites. Les plantes disparaissent et le vent emporte le sable. Pour sauver le cordon de dune et protéger les zones qui se trouvent derrière, on replante des rangées d'oyats et on installe des palissades.

105 m de haut, 2,7 km de long... la dune du Pilat, près d'Arcachon est la plus grande dune d'Europe.

La formation d'une dune

Apporté par la mer et le vent, le sable s'accumule lorsqu'il rencontre un obstacle naturel. Sur ce premier tas de sable, certaines plantes s'installent. Elles forment alors un obstacle plus important, de sorte que la dune grossit et que d'autres plantes vont pouvoir s'y développer.

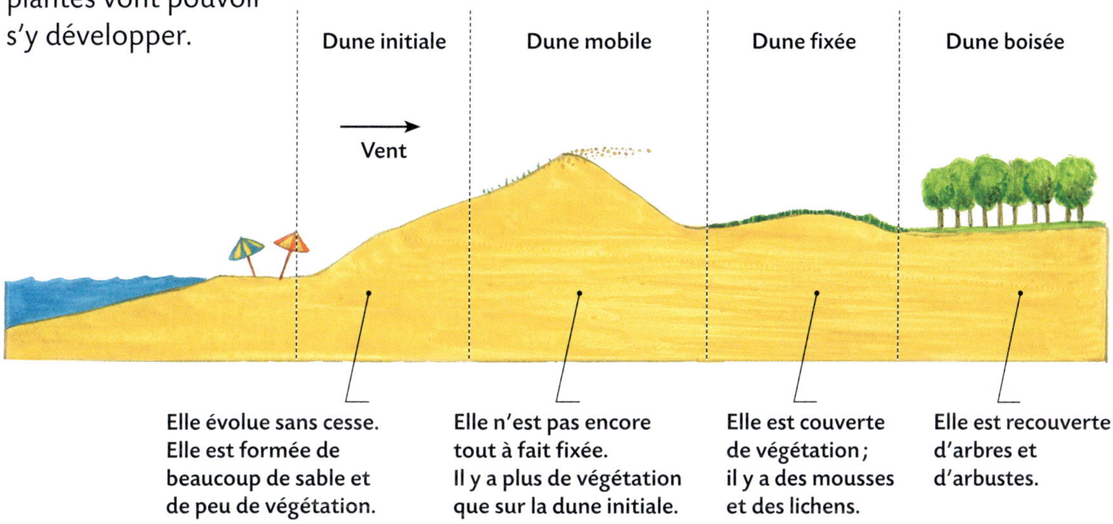

Pièges dans le sable

Tu as peut-être déjà vu dans le sable ces curieux petits entonnoirs de 2 à 3 cm de profondeur creusés dans des endroits bien secs. Si une fourmi passe par là, elle tombe dans l'entonnoir et une bête mystérieuse l'asperge avec du sable pour l'empêcher de ressortir. Il s'agit de la larve du fourmilion, qui capture les fourmis avec ses pinces avant de les dévorer dans sa galerie souterraine.

Larve de fourmilion capturant une fourmi

Belles des sables

Sur la dune se trouvent des plantes aux fleurs grandes et colorées. Les plus connues sont le liseron des sables et le panicaut de mer. Appelé aussi chardon bleu des dunes, ce dernier est devenu l'emblème du Conservatoire du littoral, chargé de protéger les paysages des rivages maritimes et lacustres.

Liseron des sables

Panicaut de mer

Poissons des rochers et des herbiers

Pour survivre ou guetter leurs proies, certains poissons de mer se cachent dans les rochers, d'autres dans les herbes et les algues.

Bien camouflée

Si tu regardes sous l'eau avec un masque dans les rochers en dessous de toi, tu verras des poissons. Mais peut-être pas la rascasse brune, tant son mimétisme est parfait. Pour la distinguer des autres rascasses, regarde bien son front : elle présente un lambeau de peau juste au-dessus des yeux. Fais bien attention, car les épines de sa nageoire dorsale sont venimeuses.

Chasseurs à l'affût

Les innombrables cavités des rochers permettent au congre et à la murène de rester camouflés. Ils guettent les poissons et les crustacés, sur lesquels ils se jettent brutalement en sortant de leur trou. La murène est brune avec des taches claires et mesure environ 1,50 m de long. Le congre est beaucoup plus grand, avec une longueur de 2,50 m. Sa couleur va du gris foncé sur le dos au gris clair sur le ventre.

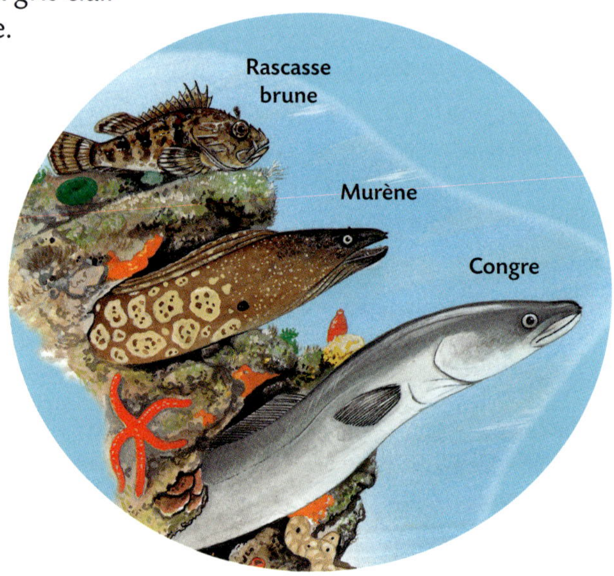

Les zones de rochers du bord de mer sont souvent très riches en poissons. Avec un simple masque et des palmes, tu peux faire des observations inoubliables.

Dans les prairies sous-marines

Il existe deux grands types d'herbes marines : les posidonies, que l'on trouve en Méditerranée, et les zostères, plus fines, qui se développent dans la Manche et l'Atlantique. Les herbiers de zostères ou de posidonies servent de refuge à des poissons dont les couleurs ou les formes leur permettent de ne pas se faire remarquer. Malgré sa longueur, le labre vert est pratiquement invisible dans les posidonies. Plus petit, le sublet sait se camoufler en se plaçant à la verticale, tête en bas.

Fins comme des herbes

Très fin, le syngnathe-aiguille est bien nommé. Son corps, constitué d'anneaux, semble présenter des compartiments carrés. Avec sa grande bouche en trompette, il aspire les petits animaux qui passent à sa portée. L'épinoche de mer ressemble au syngnathe, mais elle est beaucoup plus petite et ses nageoires sont plus grandes.

Drôle de poisson

Une tête qui fait penser à celle d'un cheval, un corps positionné à la verticale et une queue recourbée qui peut saisir les herbes, l'hippocampe moucheté a une bien curieuse allure. Il est difficile à repérer car il sait rester parfaitement immobile dans les herbiers. Il a aussi un mode de reproduction bien particulier. La femelle dépose ses œufs dans la poche ventrale du mâle, qui va en assurer l'incubation, pendant un mois environ. Au terme de ce délai, il expulse les alevins dans la mer.

Ça grouille sur les rochers

Grâce aux marées basses, tu peux découvrir chaque jour les petits animaux fixés aux rochers et ceux qui restent piégés dans les trous ou les flaques.

Patelles et balanes se sont installées sur le schiste ocre.

Les coquillages qui s'accrochent

Parmi les mollusques gastéropodes, tu découvriras facilement la patelle, qu'on appelle aussi chapeau chinois, un nom qui suffit à la décrire. Elle est très solidement fixée aux rochers et broute les algues. L'ormeau, beaucoup plus grand, broute lui aussi les algues. Les trous de sa coquille lui servent à filtrer l'eau et à respirer. Le bigorneau, petit et noir, a une forme d'escargot et s'accroche moins fortement.

Les moules et les huîtres

Il y a les moules et les huîtres cultivées, et celles qui sont sauvages et vivent accrochées aux rochers. Toutes se nourrissent d'algues microscopiques, qu'elles ingurgitent en filtrant l'eau de mer.

Anémone-fraise
4 à 5 cm

Oursin commun
10 cm

Étoile de mer rouge
10 à 20 cm

Ormeau
10 cm

Moule
5 à 7 cm

Huître
15 cm

Attention aux piquants de l'oursin...

Les échinodermes

Ce nom barbare désigne les animaux marins à symétrie en rayons autour d'un centre. Les plus communs sont les étoiles de mer et les oursins. Les étoiles de mer ont souvent cinq branches et se fixent aux rochers, où elles s'attaquent aux coquillages. Les oursins ont de nombreux piquants insérés sur leur squelette calcaire. Ils se nourrissent en broutant les algues. Quant aux anémones de mer, elles ont une base fixée au rocher et des tentacules pour capturer les petites proies.

Les crustacés

Les crustacés sont très nombreux, à commencer par la crevette grise, la crevette rose et les crabes. Leur première paire de pattes est munie de pinces, très petites chez les crevettes, plus grosses chez les crabes. Le bernard-l'hermite est un petit crabe sans carapace. Pour protéger son corps mou, il s'abrite dans une coquille d'escargot de mer.

Un crustacé fixé

Les balanes communes, que tu verras fixées aux rochers en très grand nombre, ont la forme d'un volcan. Sais-tu que ce ne sont pas des coquillages mais des crustacés ? À la marée montante, elles sortent leurs pattes pour brasser l'eau et en filtrer les aliments minuscules.

Bigorneau
1 à 1,5 cm

Patelle
3 à 4 cm

Bernard-l'hermite commun
2 à 6 cm

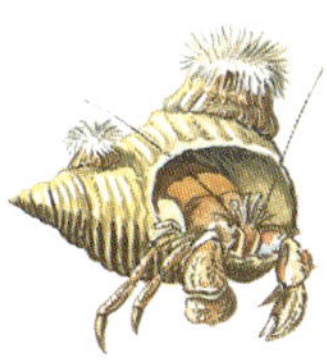

Crevette rose
5 à 10 cm

Crevette grise
5 à 7 cm

Tourteau
jusqu'à 25 cm

Mouette rieuse et goéland argenté

Il y a plusieurs espèces de mouettes et de goélands mais les plus communes sont la mouette rieuse et le goéland argenté. Ils sont, de plus, très nombreux et très faciles à voir. À toi de les reconnaître.

Mouette rieuse adulte en plumage nuptial

Maritime ou terrestre ?

Le goéland argenté niche de préférence en bord de mer, dans les falaises ou sur les îles tranquilles. Il s'installe parfois en ville, sur les toits des immeubles. La mouette rieuse est un oiseau beaucoup moins marin que tu ne l'imagines. Elle niche en colonies dans les marais et les étangs, parfois très loin à l'intérieur des terres.

Un capuchon, selon la saison

La mouette rieuse adulte ne porte son capuchon que durant la saison de reproduction, de février à août. Il fait partie de son plumage nuptial. En dehors de cette période, sa tête redevient blanche, mais elle conserve une tache sombre derrière l'œil.

Carte d'identité

Nom commun : **mouette rieuse**
Nom savant : *Larus ridibundus*
Ordre : lariformes
Famille : laridés
Taille : 39 cm - Envergure : 90 cm
Description : plumage blanc, ailes grises à bord antérieur blanc et zone noire en arrière de ce bord, bec et pattes rouges, capuchon brun très foncé
Particularités : une tache sombre derrière l'œil chez les adultes en dehors de la saison de reproduction

Pas difficiles à table

Le goéland et la mouette ont un régime alimentaire très varié. Ils mangent des poissons, mais également des insectes, des vers et toutes sortes de déchets.
Le développement important des décharges d'ordures ménagères a contribué à leur extension car ces oiseaux trouvent ainsi beaucoup de nourriture toute l'année.
On voit souvent des bandes de mouettes et de goélands suivre les bateaux de pêche pour récupérer les restes de poisson.
Ils font de même derrière les tracteurs pour capturer des petites bêtes dans les labours.

Goéland argenté adulte en plumage nuptial

Carte d'identité

Nom commun : **goéland argenté**
Nom savant : *Larus argentatus*
Ordre : lariformes
Famille : laridés
Taille : 60 cm - Envergure : 1,40 m
Description : plumage blanc, ailes gris clair à pointe noire avec quelques taches blanches, pattes couleur chair, bec jaune avec une tache rouge orangé
Particularités : tête striée en dehors de la saison de reproduction

Différents plumages

Si tu observes un groupe de goélands argentés, tu seras surpris de voir d'autres oiseaux de la même taille, à la silhouette identique. Seul leur plumage est différent, entièrement tacheté de brun, ou tacheté de brun avec des zones gris clair.
Ce sont des individus plus jeunes, qui n'ont pas encore leur plumage d'adulte. Chez les mouettes et les goélands, celui-ci n'apparaît qu'au terme de plusieurs mues. Pour le goéland argenté, cela ne prend pas moins de trois ans !

Le cousin du sud

Le goéland argenté habite le nord de la France et de l'Europe. Au sud, il est remplacé par un cousin à qui il ressemble comme deux gouttes d'eau : le goéland leucophée. Parmi les rares éléments qui les différencient, on remarque les pattes jaunes du leucophée alors que celles du goéland argenté sont couleur chair.

Une colonie de mouettes rieuses.

La mer et le vent sculptent de splendides paysages.

Les falaises : toutes différentes

Les paysages du bord de mer sont aussi variés que ceux de l'intérieur des terres. En suivant la côte, tu verras qu'il n'y a pas deux falaises semblables.

Craie normande

Les falaises de craie, comme celles d'Étretat, en Normandie, sont de couleur claire, généralement hautes et verticales. Les vagues qui sapent leur base peuvent provoquer l'effondrement de pans entiers. Au fil du temps, la falaise recule, de 2,50 m par siècle en moyenne. Lorsque certaines parties, plus dures, résistent mieux à l'usure, cela forme des avancées. Parfois, des cavités se creusent, créant d'immenses grottes et de magnifiques arches.

Granite breton

Quand les vagues et le vent s'attaquent à des roches résistantes comme le granite, les falaises ont des formes très découpées, avec différents niveaux, des pics acérés et de petits îlots rocheux. La côte de Bretagne, en grande partie constituée de granite, est la plus découpée de toute la France. En alternance avec les granites, il y a des schistes, moins solides. Cela donne une côte très irrégulière, avec des caps granitiques qui ont résisté et des golfes schisteux en retrait.

Les étendues de bruyères sont un vrai régal pour les yeux.

Calcaire méditerranéen

Au bord de la Méditerranée, où les marées n'ont quasiment pas d'amplitude et où les vagues sont moins fortes, on observe des golfes et des calanques. Ceux-ci ont été creusés dans le calcaire par des rivières, puis envahis par la mer qui est montée.

Plus haute aujourd'hui

Les scientifiques estiment qu'il y a 30 000 ans, le niveau de la mer était 30 m plus bas qu'aujourd'hui. Cela explique que l'accès de la grotte préhistorique Cosquer, découverte au bord de la mer dans les calanques, est aujourd'hui entièrement sous l'eau.

Une végétation particulière

Les nombreuses falaises maritimes de Bretagne accueillent une flore bien adaptée au vent, aux embruns et au soleil. Les bruyères, formant de grandes étendues colorées, sont parmi les plus remarquables. Tu découvriras aussi les magnifiques bouquets roses de l'armérie maritime (*photo ci-contre*), et le perce-pierre, aux fleurs vert-jaunâtre, qui s'épanouit entre juin et octobre.

Oiseaux des falaises

Certains oiseaux ne viennent sur les côtes que pour nicher, souvent en colonies nombreuses dans les rares endroits favorables. Le reste du temps, ils vivent en mer.

Le fou de Bassan
Blanc avec le bout des ailes noir et la tête jaunâtre, cet oiseau aux ailes longues et étroites atteint 1,90 m d'envergure. Il construit un nid d'algues dans les anfractuosités de rochers et capture les poissons en plongeant de plusieurs dizaines de mètres de hauteur.

Le macareux moine
Son plumage noir et blanc est classique mais ses pattes rouges, et surtout son bec, semblent sortis de l'imagination d'un peintre fantaisiste. Lui aussi pêche en plongeant, mais depuis la surface. Il fait son nid dans un terrier, souvent volé à un lapin !

Le pingouin torda
Il a la même taille, les mêmes couleurs et la même allure que le guillemot de Troïl excepté le bec. Comme lui, il se propulse avec ses ailes en plongée. Il niche dans les éboulis ou dans un terrier.

La mouette tridactyle
Cette grande mouette d'un mètre d'envergure est blanche et grise avec le bout des ailes noir et un bec jaune très pointu. Elle fait un nid d'herbes et d'algues sur les rebords de falaise.

Les cormorans

Deux espèces de cormorans nichent dans les falaises du bord de mer : le grand cormoran (1,40 m d'envergure environ) et le cormoran huppé (1 m d'envergure environ). Ils sont tous deux de couleur sombre mais ont des différences. Le grand cormoran a des joues pâles, tandis que le cormoran huppé a une huppe noire sur la tête. Contrairement aux autres oiseaux des falaises, qui mangent des crustacés et des poissons, les cormorans ne consomment que des poissons, qu'ils capturent en plongeant. Ils utilisent leurs grandes pattes palmées pour nager sous l'eau.

Le guillemot de Troïl
Ce guillemot est de taille moyenne (60 à 70 cm d'envergure). Son plumage est très contrasté. Si tu ne vois pas suffisamment bien son bec pointu, tu peux le confondre avec le pingouin torda. Il vit en colonies très nombreuses sur les corniches des falaises, et ne pond qu'un seul œuf, directement sur la roche. Quand le moment est venu, le petit, qui ne sait pas encore voler, se lance dans le vide depuis la falaise pour rejoindre la mer.

Une baie au bord de la Méditerranée.

Estuaires, baies et marais salants

Le bord de mer ne comporte pas que des dunes et des falaises. Il est aussi constitué de milieux vastes et peu profonds. Certains sont naturels, d'autres ont été créés par les hommes.

Le mélange des eaux

La rencontre de l'eau douce apportée par les fleuves avec l'eau salée de la mer offre toujours des paysages qui sortent de l'ordinaire. Le lieu où un fleuve se jette dans la mer se nomme une embouchure. Lorsque la mer est une mer ouverte, où se font sentir les marées, comme par exemple la Manche, on parle d'estuaire.
À marée descendante, le fleuve pénètre profondément dans l'estuaire, à marée montante. Celui-ci est envahi par l'eau de mer, qui peut remonter loin à l'intérieur des rivières. Lorsque la rivière se divise en plusieurs bras qui forment un triangle avec la mer, il s'agit d'un delta, comme par exemple celui du Rhône, en Camargue.

Le flamant rose

Avec sa grande taille, ses ailes rose et noir, et son curieux bec recourbé, le flamant rose est impossible à confondre. Il adore les marais côtiers, les estuaires et les vasières, où il se nourrit d'algues microscopiques et de tout petits animaux, qu'il filtre avec son bec. Pour que son œuf reste au sec, il construit un nid de terre haut de 30 cm.

Slikke ou schorre ?

En bord de mer, il y a des zones de vasières plus ou moins recouvertes par la marée. Le slikke est la partie la plus basse des vasières, recouverte à chaque marée. Dans les estuaires, comme celui de la Gironde, la marée envahit également tous les bras qui se trouvent au bord de l'estuaire. Dans la slikke, tu verras la salicorne et la spartine, deux plantes bien adaptées au changement. Le schorre est la partie haute des vasières, inondé uniquement lors des grandes marées et souvent recouvert de prés salés où pousse l'obione.

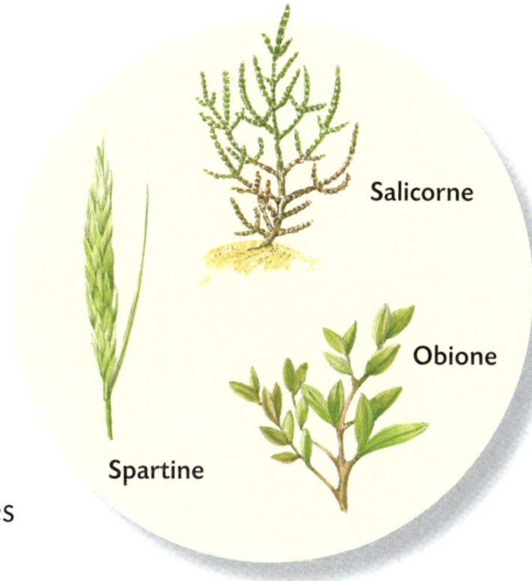

Piéger le sel

Pour recueillir le sel, les hommes ont créé des marais salants. Ce sont des bassins et des canaux que l'on fait communiquer avec la mer par un système de vannes. Quand l'eau de mer est entrée dans un bassin, on le ferme et on laisse l'eau s'évaporer sous l'action du vent et du soleil. Le sel se dépose et il n'y a plus qu'à le ramasser.

Les abris côtiers

Les baies sont des grandes échancrures dans le littoral. Certaines, comme la baie du Mont-Saint-Michel, font plusieurs dizaines de kilomètres. Lorsque l'échancrure est plus petite et peu profonde, on parle de crique ou d'anse. Très profondes, les rades accueillent les bateaux qui peuvent y mouiller sans danger.

Les marais salants ont été créés par l'homme.

Attention : pollution !

Tu as forcément entendu parler des marées noires et tu as vu les images catastrophiques du pétrole sur les côtes, mais sais-tu que la mer souffre de bien d'autres pollutions ?

Les marées noires

Les pollutions les plus spectaculaires sont dues au pétrole. Les accidents de pétroliers sont catastrophiques. Un immense navire rempli de pétrole fait naufrage et tout son contenu se répand dans la mer et sur les côtes. Le *Torrey Canyon* et l'*Amoco Cadiz*, deux pétroliers échoués, ont déversé chacun 220 000 tonnes de mazout sur les côtes de la Manche. Plus récemment, c'est l'*Erika* qui a pollué les côtes de l'Atlantique.

Les « voyous des mers »

Les dégazages sont peut-être encore pire que les accidents parce qu'ils sont volontaires. Certains pétroliers nettoient la soute de leur navire en y faisant entrer l'eau de mer, qu'ils rejettent ensuite souillée de pétrole. Ces « voyous des mers » préfèrent ainsi nettoyer gratuitement leur bateau sans penser aux conséquences désastreuses pour le milieu marin et ses autres utilisateurs.

Une marée noire, c'est un triste spectacle et des heures de nettoyage en perspective...

Toutes les rivières vont à la mer

Puisque tu sais ce qu'est un bassin versant, tu comprends que toutes les pollutions qui sont déversées dans les rivières convergent vers la mer, où elles s'accumulent. Les eaux des égouts, les produits chimiques et les engrais agricoles contaminent gravement les estuaires et les côtes marines. À l'embouchure des rivières, la vase et la pollution se mélangent et forment un bouchon vaseux. Sur le bord de mer se développent des marées vertes dues aux excès d'engrais. Dans certains endroits, il n'est plus possible de se baigner.

Régulièrement, les tracteurs débarrassent les plages de Bretagne.

Tristes résultats et espoirs

Toutes ces pollutions détruisent la flore et la faune sous-marines et côtières, soit directement, par empoisonnement, soit indirectement, par appauvrissement de la qualité de l'eau et de la nourriture disponible. Dans ces conditions, tu comprends facilement l'utilité des réglementations internationales de plus en plus strictes et tu dois apprécier les efforts qui sont faits pour dépolluer les rivières. En fait, l'eau est la même partout, et les hommes doivent être solidaires pour s'en sortir et pour préserver la nature.

La mer n'est pas une poubelle

Comme si cela ne suffisait pas, la mer reçoit aussi l'eau des égouts des villes côtières. Plusieurs décharges sont également installées sur la côte. De nombreux plaisanciers et navigateurs jettent carrément leurs déchets par-dessus bord. Certains pays enfouissent même des déchets radioactifs au large, quand ce ne sont pas les sous-marins nucléaires coulés qui restent au fond de l'eau.

La nature est un véritable trésor à partager.

COPAIN DE LA NATURE

CAHIER PRATIQUE

Les métiers

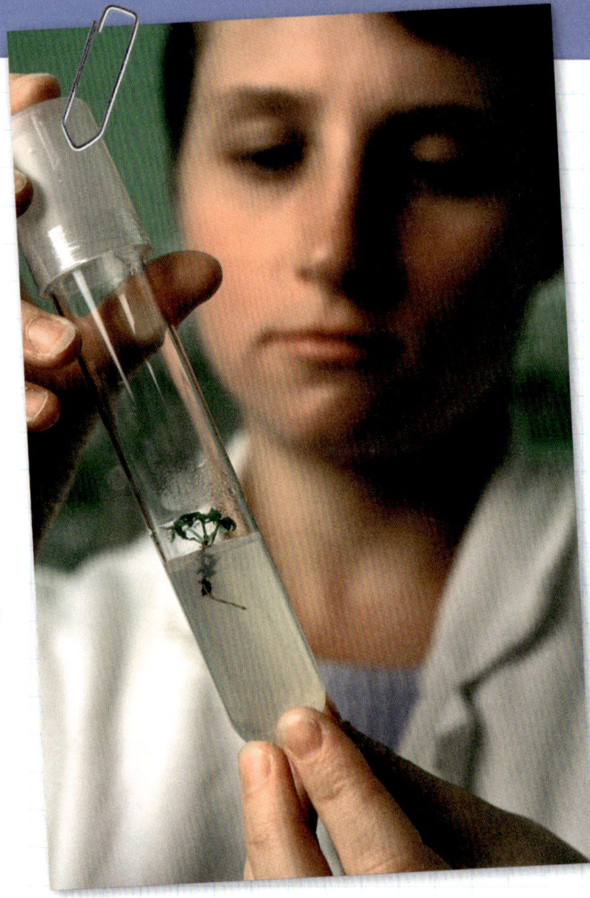

Zoologiste

En laboratoire et sur le terrain

Le zoologiste peut exercer dans des domaines très variés car sa discipline s'intéresse à toutes les espèces animales, des insectes aux grands mammifères. Il choisit donc une spécialité, et peut être amené à travailler dans n'importe quelle région du monde pour en faire l'étude. Car la recherche sur le terrain est nécessaire pour étudier les mœurs des animaux dans leur environnement naturel. Et elle permet aussi de travailler sur la protection des milieux dans lesquels ils vivent. Le zoologiste complète ensuite ses observations par un travail en laboratoire.

Peu de débouchés

Pour devenir zoologiste, il ne suffit pas d'aimer les animaux. Il faut aussi maîtriser plusieurs disciplines. Des connaissances approfondies en mathématiques, en physique et en chimie sont indispensables à l'étude des espèces et une bonne expression en français et en anglais (la langue internationale utilisée pour les publications scientifiques) est nécessaire. Pour cela, le zoologiste se forme à l'université. Il commence par la filière biologie puis choisit une spécialisation. Cinq années d'études au minimum lui permettront de postuler aux rares emplois d'enseignant-chercheur ou de chercheur dans des organismes comme le CNRS (Centre national de la recherche scientifique).

Botaniste

En contact avec la nature

Comme le zoologiste, il travaille sur le terrain et en laboratoire. Mais son domaine est le monde végétal, ou l'étude des fleurs et des arbres. Il se déplace souvent, notamment pour faire l'inventaire des espèces présentes dans une région, récolter des spécimens rares ou mesurer les ravages de la pollution. Au laboratoire, il classe, décrit et analyse les échantillons récoltés.

De longues études

Des qualités d'observation et cinq à huit années d'études en biologie à l'université ou en école d'ingénieurs sont nécessaires pour exercer ce métier.

Cinéaste animalier

De la passion...

Le cinéaste (ou le photographe) animalier doit avoir du bon matériel s'il veut devenir professionnel, mais toute personne passionnée de nature peut débuter avec une simple caméra vidéo ou un appareil photo numérique muni d'un petit zoom. Car, plus que de maîtriser les techniques de prises de vues, il s'agit avant tout de bien connaître les mœurs des animaux.

... et de la patience

Inutile de compter sur le hasard pour faire une belle image d'un animal sauvage. Un bon cinéaste ou photographe doit savoir où se cacher et à quelle époque. L'accouplement des grenouilles rousses et des crapauds, par exemple, a lieu en mars-avril tandis que le brame du cerf se déroule en septembre-octobre. Si l'image est ratée, il faudra attendre l'année suivante... Il existe une école, l'IFFCAM (Institut Francophone de Formation au Cinéma Animalier de Ménigoute, dans les Deux-Sèvres), qui assure une formation très complète.

Illustrateur spécialisé

Un fin observateur

Comme pour les autres métiers de la nature, patience et observation sont la base du travail de l'illustrateur. Celui-ci doit être très précis pour reproduire les détails caractéristiques d'un animal, notamment pour permettre son identification. Certains puristes ne réalisent leurs dessins que sur le terrain, en présence de l'animal ou de la plante, tandis que d'autres prennent le temps de terminer leur œuvre une fois revenus à l'atelier, en s'aidant de livres et de photos si besoin.

Chacun son style

Ce métier peut concerner des artistes de styles très différents, depuis les illustrateurs de documentaires qui réalisent des dessins très précis, proche de la réalité, jusqu'aux dessinateurs ou aux peintres dont les créations peuvent être plus libres et plus personnelles. Parmi ces artistes, on trouve des autodidactes ou bien des élèves des Beaux-Arts. Mais tous possèdent le don du dessin.

Les métiers
Adresses
Glossaire
Index
Crédits

Rédacteur spécialisé

Sensibiliser

De plus en plus de journaux et de revues consacrent des chroniques régulières à l'environnement, à l'écologie et à la faune sauvage. Ils ont besoin pour cela de journalistes spécialisés qui connaissent bien leur sujet et possèdent un bon réseau d'informateurs. Car, en plus de savoir écrire, il est tout aussi important de pouvoir trouver rapidement des informations fiables pour donner un maximum de précisions au lecteur. Le travail du journaliste peut alors consister à traduire avec des mots simples des notions scientifiques ou complexes. C'est ce qu'on appelle " faire de la vulgarisation ". Il peut aussi mener de véritables enquêtes dans le monde entier, par exemple sur la destruction de la forêt amazonienne.

Une double compétence

Le métier s'apprend dans une école de journalisme et une formation complémentaire (botanique, zoologie...) est bienvenue. Certains spécialistes doués pour la communication peuvent aussi devenir d'excellents journalistes.

Technicien de rivière

Connaître pour protéger

Pendant longtemps, les rivières ont été recalibrées, aménagées, polluées. Heureusement, une prise de conscience s'est faite et il y a de plus en plus besoin de techniciens capables de connaître les rivières et de conseiller ceux qui en ont la responsabilité.
Leur travail consiste à trouver des solutions pour préserver la rivière des pollutions et autres agressions. Pour cela, ils définissent un programme d'entretien et veillent à sa mise en œuvre. Ils effectuent des prélèvements d'eau et des inventaires de la faune avec les spécialistes de l'Office national de l'eau et des milieux aquatiques ou les fédérations de pêche. Ils conçoivent également des documents d'information pour les usagers en leur conseillant les gestes écologiques qui préservent la qualité de l'eau.

Formé en deux ans

Le technicien de rivière est titulaire d'un BTS, d'un BTSA ou d'un DUT dans le domaine de l'eau et de la protection de l'environnement.

Animateur nature

Vers tous les publics

Sa mission consiste à animer des groupes ou des activités liées à la nature. Il peut guider et encadrer des enfants qui suivent une formation dans un Centre Permanent d'Initiative pour l'Environnement et également participer à l'information des citoyens. Ses tâches sont très variées : guider un groupe en forêt pour découvrir les oiseaux, apprendre le jardinage bio aux élèves d'une école ou aider des batraciens à traverser la route pour se rendre sur leurs lieux de pontes.

Pédagogue

Pour transmettre ses connaissances, il monte des expositions et réalise des livrets d'information. Pour cela, il doit faire preuve de pédagogie et aimer le contact humain. Un bac + 2 et un diplôme dans le domaine de l'animation ou un BTS agricole gestion et protection de la nature constituent un bagage idéal.

Garde nature

Aimer la marche

Le garde nature doit aimer la marche à pied car il se déplace constamment sur le territoire qu'il surveille, y compris dans des endroits inaccessibles aux véhicules. Il exerce dans une réserve naturelle, un parc national ou régional, sur le littoral ou dans des forêts gérées par l'État. Son action permet de protéger la faune, la flore et les milieux naturels.

Protéger la nature

Il doit informer et convaincre, mais aussi faire respecter les textes de lois et les réglementations. Pour cela, il peut sanctionner les promeneurs en infraction (cueillette interdite, quad ou motos hors des sentiers autorisés...). Il a obtenu un Brevet d'Étude Professionnel (BEP) ou un Brevet de Technicien Supérieur (BTS) en environnement et travaille pour un office national (ONF pour les forêts, Onema pour l'eau et les milieux aquatiques, ONCFS pour la chasse et la faune sauvage).

Adresses utiles

AFIE, Association française des ingénieurs écologues
31, rue Vauvenargues
75018 Paris
www.afie.net

AJNE, Journalistes-écrivains pour la nature et l'écologie
7 ter, rue du Colonel-Oudot
75012 Paris
Tél. : 01 40 15 09 08
www.jne-asso.org

ASCPF, Association sportive de la chasse photographique française
60, rue des Archives
75003 Paris
www.ascpf.com

ASPAS, Association pour la protection des animaux sauvages
BP 505
26401 Crest Cedex
Tél. : 04 75 25 10 00
www.aspas-nature.org

FFCK, Fédération française de canoë-kayak
87, quai de la Marne
94344 Joinville-le-Pont Cedex
Tél. : 01 45 11 08 50
www.ffcanoe.asso.fr

FFCAM, Fédération française des clubs alpins et de montagne
24, avenue Laumière
75019 Paris
Tél. : 01 53 72 87 00
www.ffcam.fr

FFME, Fédération française de la montagne et de l'escalade
8-10, quai de la Marne
75019 Paris
Tél. : 01 40 18 75 50
www.ffme.fr

Fédération française du milieu montagnard
18, rue Saint-Polycarpe
69001 Lyon
Tél. : 04 78 39 49 08
www.ffmm.net

Fédération des parcs naturels régionaux de France
9, rue Christiani
75018 Paris
Tél. : 01 44 90 86 20
www.parcs-naturels-regionaux.tm.fr

FFPML, Fédération française de pêche à la mouche et au lancer
Hôtel de Savigny -1, place du Chatel
77160 Provins
Tél. : 01 60 67 80 84
www.ffpml.com

Fédération française de la randonnée pédestre
64, rue du Dessous-des-Berges
75013 Paris
Tél. : 01 44 89 93 90
www.ffrandonnee.fr

FFS, Fédération française de spéléologie
28, rue Delandine
69002 Lyon
Tél. : 04 72 56 09 63
www.ffspeleo.fr

FERUS
BP 114
13718 Allauch Cedex
Tél. : 04 91 05 05 46
www.ferus.org

FIEP, Fonds d'intervention éco-pastoral
Groupe ours Pyrénées
1, rue Boyrie - BP 508
64010 Pau Cedex

Nos équipes ont vérifié le contenu des sites Internet mentionnés dans cet ouvrage au moment de sa réalisation et ne pourront être tenues pour responsables des changements de contenu intervenant après la parution du livre.

Tél. : 05 59 62 49 43
www.fiep-ours.com

France Nature Environnement, fédération des associations de protection de la nature et de l'environnement
6, rue Dupanloup
45000 Orléans
www.fne.asso.fr

Greenpeace France
22, rue des Rasselins
75020 Paris
Tél. : 01 44 64 02 02
www.greenpeace.org

Jeunes et Nature, Maison de la nature et de l'environnement de l'Isère
5, place Bir Hakeim
38000 Grenoble
Tél. : 04 76 44 08 55
www.jeunes-nature.org

LPO, Ligue française pour la protection des oiseaux
Fonderies Royales
8, rue du Docteur-Pujos - BP 90263
17305 Rochefort Cedex
Tél. : 05 46 82 12 34
www.lpo.fr

Nature et progrès, fédération internationale d'agriculture biologique
16, avenue Carnot
30100 Alès
Tél. : 04 66 91 21 94
www.natureetprogres.org

OPIE, Office pour les insectes et leur environnement
BP 30
78041 Guyancourt Cedex
Tél. : 01 30 44 13 43
www.insectes.org

Organbidexka Col Libre
10, rue des gemmeurs
64340 Boucau
www.organbidexka.org

SFO, Société française d'orchidophilie
17, quai de la Seine
75019 Paris
Tél. : 01 40 37 36 46
www.sfo-asso.com

SFO, Société française d'odonatologie
7, rue Lamartine
78390 Bois-d'Arcy
Tél. : 01 34 60 68 63
www.libellules.org

SFEPM, Société française pour l'étude et la protection des mammifères
c/o Muséum d'histoire naturelle
Les Rives d'Auron
18000 Bourges
Tél. : 02 48 70 40 03
www.sfepm.org

SHF, Société herpétologique de France
Université Paris VII
Laboratoire d'anatomie comparée
2, place Jussieu
75251 Paris Cedex 05
www.societeherpetologiquedefrance.asso.fr

UFCS, Union française des centres de sauvegarde de la faune sauvage
6, rue des Gombards
89100 Fontaine-la-Gaillarde
www.uncs.chez.com

Glossaire

Arachnides : classe animale comprenant des invertébrés terrestres ayant quatre paires de pattes et dont les plus connus sont les araignées.

Bassin de décantation : petit plan d'eau dans lequel cette dernière se dépollue en déposant ses impuretés sur le fond et par évaporation.

Chaîne alimentaire : ensemble de végétaux et d'animaux qui se consomment successivement. Tout en haut de la chaîne : le superprédateur.

Coléoptères : ordre des insectes ayant les ailes postérieures pliantes, recouvertes par des élytres cornés. Exemples : le hanneton et le scarabée.

Colmatage : action qui consiste à recouvrir et à boucher un orifice ou une surface. Exemple : la boue issue d'un étang colmate le fond de la rivière.

Colonisatrice : se dit d'une plante ou d'une espèce animale qui s'étend rapidement en augmentant son aire de répartition.

Corridor écologique : portion de terrain restée suffisamment sauvage pour que les animaux l'utilisent pour se déplacer tranquillement d'un point à un autre. Exemple : une haie sauvage entre deux forêts.

Diurne : qui est actif durant le jour ; contraire de nocturne.

Envahissante : se dit d'une espèce animale ou végétale qui provient d'un autre pays et colonise de nouveaux territoires aux dépens de celle de chez nous. Exemple : l'écrevisse américaine qui prend la place de l'écrevisse à pattes blanches.

Estuaire : partie terminale d'un fleuve (embouchure) qui se mélange à la mer et où les marées remontent.

Étamine : partie mâle des plantes à fleurs.

Exotique : se dit d'un animal ou d'une plante originaire d'un pays étranger. Exemple : le ragondin d'Amérique du sud.

Frayère : endroit où les poissons pondent leurs œufs et se reproduisent.

Gallinacés : ordre d'oiseaux massifs ressemblants aux poules (faisan, caille, perdrix).

Hectare : unité de surface de cent ares, soit dix mille mètres carrés, soit un carré de cent mètres par cent.

Hibernation : état d'un animal qui dort durant l'hiver pour économiser son énergie (hérisson, marmotte, serpent, amphibiens).

Hivernage : action de passer l'hiver dans un endroit précis. Ne pas confondre hiverner et hiberner : le cormoran hiverne en France près des lacs, le hérisson hiberne durant l'hiver.

Immergé : qui se trouve sous l'eau.

Invertébré : animal qui n'a pas de colonne vertébrale (ver de terre, insecte, escargot).

Lande : terrain recouvert de végétaux bas ou de taille moyenne, tels que la bruyère ou les genêts.

Larve : première étape du développement des amphibiens ou d'un insecte après l'éclosion de l'œuf.

Loge : nom que l'on donne au gros trou que le pic noir creuse dans le bois des arbres.

Magma : matière visqueuse et épaisse qui se forme à l'intérieur de la terre.

Miellat : substance sucrée que les pucerons fabriquent avec leur corps après avoir sucé la sève des plantes.

Morphologie : formes et apparence extérieure du corps d'un animal.

Mosaïque : ensemble de milieux naturels très proches les uns des autres. Exemple : le méandre est une mosaïque de milieux, avec la rive, la falaise, les bancs de sable, la forêt sur les rives, etc.

Pelote de réjection : boule contenant des poils et des os, non digérés, que les oiseaux (chouettes, goélands, hiboux) rejettent par le bec.

Phrygane : insecte aquatique dont la larve construit un fourreau pour se protéger.

Piscivore : se dit d'un animal qui mange des poissons.

Pistil : partie femelle d'une fleur.

Prédateur : animal qui capture des proies pour se nourrir.

Proie : animal qui est capturé par un autre pour le dévorer. Exemple : le campagnol est la proie du faucon crécerelle.

Steppe : paysage constitué de grandes étendues sèches avec des plantes basses.

Tectonique : étude des déformations de terrain consécutives aux mouvements souterrains.

Index

H

I

J

L

M

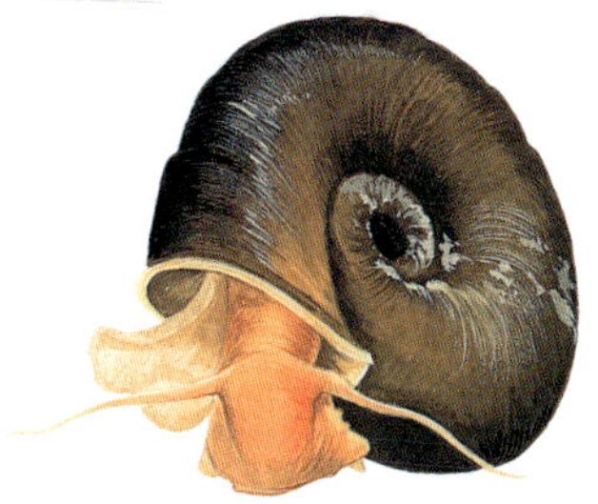

R

S

T

U

V

Z

Crédit des illustrations et des photographies

PHOTOGRAPHIES

Catiche productions

Martine et Christian Bouchardy

P. 12, 13, 14 (b), 19, 23 (b), 30, 32, 35, 37 (hg), 39, 46, 51, 52 (h), 54, 58, 59 (h), 60, 62 (b), 64, 65, 66, 68, 69, 73 (h), 76, 77 (hg et b), 79, 89, 97 (h), 99 (b), 100 (sauf h), 101, 110, 111 (h), 112 (b), 115, 117, 118, 119, 120, 121, 125 (sauf hd), 132, 139, 144 (b), 146, 147, 148 (b), 151, 154, 155, 159 (h et m), 160, 161 (bg), 162, 165, 166 (sauf h), 169 (m), 170, 172, 174, 179 (sauf h), 180 (sauf bd), 183 (sauf hd), 184 (h), 188, 189, 192, 195, 197 (sauf h), 199, 206, 230 (b), 231.

Yves Boulade

P. 23 (h), 44 (h), 78, 85 (b), 94 (h), 98, 99 (h), 125 (hd), 180 (bd), 181 (b), 219 (bd), 226, 230 (h).

Gilbert Audier

P. 36, 37 (hd), 59 (b), 63, 67, 70 (hd), 71 (hg), 73 (bg), 74, 75 (b), 85 (h), 87, 97 (b), 102 (h et m), 103, 107 (sauf h), 108 (b), 109, 116, 137 (mg), 138, 149 (h), 159 (b), 163 (mg), 181 (h), 183 (hd), 184 (b), 191, 207 (h), 227 (h).

Yvon Legars

P. 207 (b), 219 (bg), 227 (b), 228, 229 (h).

Bernard Belin

P. 137 (hd, md et b).

Joël Héras

P. 70 (hg et bg).

René Auclair

P. 77 (hd).

Georges Prudent

P. 169 (b).

René Rosoux

P. 112 (h).

Nathalie Vidal

P. 182.

Biosphoto

P. 8 : M. Lane ; p. 10 : G. Van Langenhove ; p. 11 : D. Delfino (h), M. Edwards (b) ; p. 28 : P. Huguet ; p. 45 : F.-P. Ilking et P. Arnold ; p. 53 : L. Geslin (h), M. Watson (b) ; p. 56 : F. Didillon ; p. 82 : F. Desmette ; p. 92 : P. Vernay ; p. 108 : M. Rauch ; p. 122 : L. Klein et M.-L. Hubert ; p. 128 et 156 : E. Lattes ; p. 136 : A. Mafart-Renodier (h) ; p. 163 : J. Shaw/Auscape ; p. 176 : R. Valarcher ; p. 197 : F. Marquez (h) ; p. 214 : M. Gunther ; p. 217 : Ch. Sidamon-Pesson ; p. 218 : M. Boulton ; p. 220 : J.-M. Borerro ; p. 222 : A. Pascal ; p. 223 : M. Foulquié ; p. 233 : Ch. Courteau ; p. 236 : G. Mermet ; p. 238 : F. Pawlowski ; p. 239 : D. Delfino.

Colibri

P. 14 : S. Bréal (h) ; p. 18 : J.-Y. Lavergne ; p. 40 : N. Huguet ; p. 42 : G. Mendel ; p. 86 : A. Gauthier ; p. 94 : G. Smellinckx (b) ; p. 104 : P. Polette ; p. 106 : K. Ward ; p. 124 : J. Carlin ; p. 126 : V. Renard ; p. 130 : J. Verbrugge ; p. 134 : J.-L. Paumard ; p. 166 : C. et M. Moiton ; p. 169 : A. Guerrier (h) ; p. 193 : F. Dejean ; p. 204 : J.-F. Legrand ; p. 225 : P. Neveu ; p. 237 : A. Trombini.

PhotoLibrary

P. 27 : D. Fox ; p. 33 : B. Borrell ; p. 52 : S.-E. Arndt (b) ; p. 107 : NPL (h) ; p. 142 : R. Jackman ; p. 143 : Juniors Bildarchiv ; p. 150 : S.-J. Krasemann ; p. 186 : B. Römmett ; p. 187 : M. Krabbs ; p. 194 : C. Krutz ; p. 198 : W. Lynch ; p. 211 : F. Ehrenstrom ; p. 215 : E.-A. James ; p. 229 : Geophoto/ N. Chervyakova ; p. 232 : A. Le Bot ; p. 234 : A. Ekholm.

Patryck Vaucoulon

P. 22, 50, 100 (h), 102 (b), 111 (b), 136 (b), 148 (h) 149 (b), 161 (h).

Franck Deschandol et Philippe Sabine

P. 47, 55, 73 (bd), 149 (m).

Corbis

P. 62 : A. Lecoq/Sygma (h) ; p. 202 : D. Gulin (h), R. Corral (b).

Bernard Chaubet

P. 70 (bd), 71 (hd).

Alain Chiffaut

P. 44 (b), 75 (h).

Serge Coupé

P. 178, 179 (h).

Yves Trémauville
P. 21, 71 (bg).

Jean-Marc Blache
Mission
P. 144 (h).

Jean David
P. 71 (bd).

Grégory Loucougaray
P. 137 (hg).

Naturimages
P. 212 : S. Piel.

Philippe Sabine
P. 161 (bd).

ILLUSTRATIONS

Toutes les illustrations sont de
Noël Gouilloux/ Catiche Productions sauf :

Loïc Méhée
Activités (sauf p. 29 h et g, p. 31 b et p. 61 b), copains et pages 189, 212 et 217.

Anne Eydoux
P. 164, 165 (m), 166 (colonne de droite), 213 (sauf encadré), 222, 223, 249 (b).

Pascal Robin
P. 208, 209, 210 (sauf encadré), 211 (g), 220, 221.

D. R.
P. 186.

Couverture
Photo : Haruhi Ohmagari/amanaimages/Corbis.
Illustrations : Loïc Méhée.

À lire aussi chez Milan

- *Mon classeur nature, 71 fiches d'activités*, Valérie Traqui
- *150 activités nature aux 4 saisons*, Frédéric Lisak
- *Mon atlas écolo*, Isabelle Nicolazzi
- *Les couleurs de la nature*, Jean-Baptiste de Panafieu
- *Au fil des saisons*, Béatrice Fontanel
- *Pistes*, Louis Espinassous
- Dans la collection *Accros de la Nature* :

Traces et empreintes, Jean-Louis Orengo
- Dans la collection *Carnets de nature* :

Fleurs des Bois, Antoine Alvarez
Fleurs des montagnes, Frédéric Lisak
Mammifères des bois et des champs, Frédéric Lisak
Mammifères des montagnes, Frédéric Lisak
Mammifères marins, Frédéric Lisak
Oiseaux des jardins, Valérie Traqui
Petites bêtes des rivières et des étangs, Léon Rogez
Poissons de mer, Léon Rogez
- Dans la collection *Mes guides nature* :

Oiseaux du bord de mer, Laurent Spanneut
Minéraux, roches et fossiles, Francis Duranthon
Les champignons, Alain Champagne
- Dans la collection *Mon carnet de terrain* :

Mon carnet de terrain, la mer, Patrick Louisy
Mon carnet de terrain, les oiseaux, Valérie Traqui
- Dans la collection *Agir pour ma planète* :

J'aime ma planète, Jean-François Noblet